MW01675054

Akika ve Hükümleri

Hussain Alji

Bu bölümde 22 fasıl vardın

1- Meşru oluşunun açıklanması,

2- Mekruh görenlerin delilleri,

3- Müstehap oluşunun delilleri,

4- Mekruh görenlerin getirdiği delillere cevap,

5- Akika kelimesinin türetildiği kök,

6- Buna "akika "ismini vermek mekruh olur mu olmaz mı?

7- Farz veya müstehap oluşundaki ihtilâf ve her iki tarafın delilleri,

8- Akikanın müstehap olduğu vakit,

9- Akikanın sadakadan efdal oluşu,

10- Akika hususunda erkek ve kız çocuğun farklı oluşları,

11- Akikanın gayesi, hikmetleri, faydalan ve Peygamberin sünnetinin ihya edilmesine dair açıklamalaı*,

12- Akika kurbanı etinin pişirilmesinin, çiğ olarak tasad-duk edilmesinden daha efdal oluşu,

13- Akika kurbanının kemiklerinin kırılmasının mekruh oluşu,

14- Kesilecek hayvanın en az olması gereken yaşı,

15- Bir hayvanın ancak bir kişi için akika olacağı, yedi kişinin deve veya sığırda ortaklığının sahih olmayışı,

16- Koyundan başka sığır ve devenin de akika için yeterli olup olmadığı,

17- Akikanın saffedileceği yerler, kurbandan hangi kısmın tasadduk edileceği,bundan ebeye de vermenin müstehap oluşu,

18- Akika ile bayram kurbanının aynı güne denk gelmesinin hükmü ve birinin, diğerinin yerini tutup tumayacağı,

19- Anne-babası, kendisi için akika kurbanı kesmemiş olan kimsenin hükmü: Büyüdüğü zaman kendi aki-kasını keser mi?

20- Akika kurbanının deri ve sakatatının hükmü: Satılabilir mi, yoksa bayram kurbanı hükmünde midir ?.

21- Akikayı boğazlama esnasında okunacak dualar,

22- Akikanın; yedinci, ondördüncü ve yirmibirinci güne tahsis edilmesinin hikmeti.

1-Meşru Oluşunun Açıklanması

İmam Malik diyor ki:

"Bu, bize göre hakkında hiç ihtilaf olmayan bir husus-

Yahya b. Said el-Ensari diyor ki:

"Bizden önceki pek çok müslümaıa yetiştim. Erkek olsun, kız olsun çocukları için akika kesmeyi ihmal etmezlerdi."

Îbnu'l-Münzir der'ki:

"Bu, tâ eskiden beri Hicaz' da amel edilegelen ve ulemanın tavsiye ettiği bir husustur, tmam Malik bunun, kendilerine göre, hakkında hiç bir ihtilaf olmayan bir mesele olduğunu söylemiştir."

İbnu'l-Münzir devamla diyor ki:

"Abdullah b. Abbas, Abdullah b. Ömer ve müminlerin annesi Hz. Aişe, akikanın meşru olduğu görüşündedirler. Bu görüş, Rasulullah'ın kızı Fatıma, ayrıca Büreydetü'l-Eslemi , Kasım b. Muhammed, Urve b. Zübeyr, Ata b. Ebi Rebah , Zühri ve Ebu'z-Zinad'dan da rivayet edilmiştir.

İmam Malik ve Medine halkı, İmam Şafii ve arkadaşları, İmam Ahmed, İshak, Ebu Sevr ve ilim ehlinden çok sayıda bir cemaat da bu konuda Peygamberin sünnetine tabi olarak, bu görüşü dile getirmişlerdir.

Sünnet sabit olduktan sonra, elbette onu dile getirmek gerekir. Bundan ayrılanlar ise ona asla zarar veremezler."

İbnu'l Münzir şöyle devam ediyor :

"Bu görüş taraftarları, akikanın sünnet oluşunu kabul etmeyerek, bu konuda Peygamberden, ashabından ve tabiinden varid olan haberlere muhalefet etmişlerdir."

2- Mekruh Görenlerin Delilleri

Şöyle demişlerdir:

"Amr b. Şuayb babasından, o da dedesinden rivayet ettiğine göre, Rasul-u Ekrem'e akika hakkında sorulunca "Ukuk (anne-babaya isyan)53 u sevmiyoı*um" diye cevap

vermiştir. Ahmed b. Hanbei: 2/182,183 ve 194 Ebû Dâvud:2842, Nesâi: 4212

Yine bu görüş taraftarları diyorlar ki:

"Mekruh oluşunun bir diğer sebebi de, bunun kitap ehlinin adetlerinden olmasıdır. Nitekim Rasul-u Ekrem :

-Muhakkak Yahudiler, erkek çocuk için akika keserler de kız çocuk için kesmezler, buyurmuştur. Beyhaki:9/302

Ayrıca diyorlar ki:

"Bu cahiliyye ehlinin kestiği kurbanlardandı. İslâm ise tıpkı atira ve fara gibi, bunu da iptal etmiştir." Yine şöyle derler: "îmam Ahmed'in rivayet ettiği Ebu Rafi hadisi

şöyledir:

"Hasan b. Ali dünyaya gelince, annesi Fatıma onun için iki koçu akika olarak kesmek istedi. Bunu üzerine Rasul-u Ekrem:

-Akika kesme! Fakat çocuğun saçını tıraş et ve ağırlığınca gümüş tasadduk eyle, buyurdu. Daha sonra Hz. Hüseyin de dünyaya geldi ve Hz. Fatıma aynen böyle yaptı."

53 - Öyle görülüyor ki, Hz. Peygamber ukûk (akika) kelimesinin manasını

değil, lafzım kerih görmüştür. Ahmet b. Hanbel'e göre hadisin metni şöyledir. "Hz.Peygamber'e akika hakkında sorulunca: -Allah ukûk'ıı sevmez, diye cevap verdi. Ukuk lafzını kerih görmüş gibiydi.

Ashâb-ı Kiram:

-Ya Rasûlallah! Biz ancak içimizden çocuğu olan biri hakkında soruyoruz

deyince Rasûl-u Ekrem:

Çocuğu için kurban kesmek isteyen kessin. Erkek çocuk için birbirine denk iki

koyun, kız çocuk için bîr koyun, buyurdu.

Atîra: Cahiliyye devrinde, Receb ayında putlar için kesilen koyun. Fer a: Devenin doğurduğu ilk yavrusudur. Bunu da putları için boğaz -

Ayarak teberrükte bulunurlardı.

3- Müstehap Oluşunun Delilleri

Hadis ehlinin tümü, fukaha ve ilim ehlinin çoğunluğu ise, akikanın Rasulullah'm sünneti olduğu görüşündedirler. Bu konuda, Buhari'nin Selman b. Amir ed- Dabbi'den rivayet ettiği hadisi hüccet olarak getirmişlerdir. Selman, Peygamberin şöyle buyurduğunu rivayet ediyor:

-Erkek çocuk ile beraber akika vardır. Öyle ise, ona

bedel olarak kan akıtınız ve ondan eziyeti gideriniz. Buhâri: 5471

Semura'nın rivayetine göre Rasûl-u Ekrem şöyle buyurmuştur:

-Her çocuk, akikası karşılığında rehindir. Doğumunun yedinci günü kurban kesilir, aynı gün kendisine isim verilir ve başı tıraş edilir. Ebû Dâvud: 2838, Tirmizi:1522, Nesâi:4220 Ibn-Mace:3165

Tirmizi, bu hadisin hasen -sahih olduğunu söylemiştir.

Hz. Aişe, Rasûlullah'ın şöyle buyurduğunu rivayet etmiştir:

-Oğlan çocuk için birbirine denk iki koyun, kız çocuk için ise bir tek koyun (kurban edilir). Ahmed b. Hanbel:6/31,158 ve 251

Hadisin diğer bir varyantı şöyledir:

"Peygamber (s.a.v), kız çocuk için bir koyun; oğlan çocuk için ise iki koyun boğazlamamızı bize emretti. " Ahmed b. Hanbel 6/158 ve 251

Ümmü Kürz el-Ka'biyye'den rivayet edildiğine göre, Rasul-u Ekrem'e akikayı sormuş. O da :

-Oğlan çocuktan dolayı iki koyun ve kız çocuktan dolayı bir koyun boğazlanır. Hayvanın erke'k veya dişi olmasının bir sakıncası yoktur., buyurmuştur. Ahmed b. Hanbel 6/422, Tirmizi:I516

Dahhak b. Mahled diyor ki:

"Ebu Hafs Salim b. Temim, babasından, o da Abdur-rahman el-A'rac'dan, o da Ebu Hureyre'den, Peygamberin şöyle dediğini rivayet etmiştir:

-Şüphesiz Yahudiler oğlan çocuk için akika kurbanı keserler de kız çocuğu için kesmezler. Siz oğlan çocuk için iki, kız çocuk için bir koyun kurban ediniz. 62

îbn'i Abbas'ın rivayetine göre, Rasul-u Ekrem; Hasan ve Hüseyin için birer koç kurban etmiştir.63

Nesai'nin rivayetinde "ikişer koç " lafzı vardır.

Amr b. Şuayb, babasından, o da dedesinden rivayet ettiğine göre, Rasul-u Ekrem, çocuğun doğumunun yedinci günü ona isim verilmesini, ondan eziyetin giderilmesini ve akika kesilmesini emretmiştir.

Tirmizi, bu hadisin hasen- garip olduğunu söylemiştir.

Büreydetü'l -•Eşlemi (r.anh.) diyor ki:

"Cahiliye devrinde birimizin çocuğu doğduğu zaman bir koyun keser ve kanını çocuğun başına sürerdi. Nihayet Allah İslâm'ı getirince, artık bir koyun kesmeye ve çocuğun başını traş edip zağferanla kokulamaya başladık. 65 "

İbnu'l Münkedir, Yahya b. Yahya'dan, o da Hü şeym'-den, o da Uyeyne b. Abdurrahman'dan, o da baba sından rivayet ettiğine göre, Ebu Bekre'nin oğlu Abdurrah man dünyaya gelmişti. Basra 'da doğan ilk çocuk o idi. Onun için bir deve boğazladı ve Basra halkına yedirdi. Birileri bunu garipseyerek şöyle dediler: "Rasul'u Ekrem, oğlan

çocuk için iki koyun, kız çocuk için bir koyun kesilmesini emretmiştir."

62 - Beyhâki: 9/301 ve 302

63 - Ebû Dâvud:2841,Nesâi:4219

64 - Tirmizi: 2837

65 - EbÛ Dâvud:2843

Hasan Basri'nin Semura'dan rivayet ettiğine göre, Ra-sûl-u Ekrem akika hakkında şöyle buyurmuştur:

-Her çocuk akikası karşılığında rehindir. Doğumunun yedinci günü kendisi için kurban kesilir, başı traş edilir ve kan sürülür.

Katade'ye çocuğun başına kanın nasıl sürüleceği sorulduğu zaman şöyle derdi:

"Akika kesildiği zaman ondan bir tutam yün alınır ve hayvanın can damarının karşısına tutulur. Sonra (kana boyanmış olan bu yün) çocuğun başının üzerine konur, nihayet çocuğun başı üzerinde iplik gibi akmaya başlar. Daha sonra çocuğun başı yıkanır ve traş edilir. "

Ebu Davud der ki:

"Bu söz, yani ^'L sözü, Hemmam b. Yahya'nın bir

hatasıdır. "

Daha sonra Ebu Davud, bu hadisi diğer bir tarikten şöyle rivayet etmiştir:

-Her çocuk akikası karşılığında rehindir. Doğumunun yedinci günü kendisi için kurban kesilir başı tıraş edilir ve isim verilir. "66

Ebu Davud, isj^L rivayeti daha sahihtir, demiştir.

66 - Ebû Dâvud:2837, 2838, Tirmizi:1522, Nesâi 4220, Ibn-i Mâce: 3165. Tirmizi bu hadisin hasen-sahih olduğunu söylemiştir.

Bu hadisi Hasan Basri'de Semura'dan rivayet etmiştir.

Buharı, Hubeyb b. eş-Şehid'in şöyle dediğini zikreder : İbn-i Şirin bana dedi ki: "Hasan Basri'ye, akika hadisini kimden işittiğini sor. Bende sordum ve "Semura b. Cün-deb'den " diye cevap verdi.6?

Selman b. Şurahbil, Yahya b. Hamza'nm şöyle dediğini nakletmiştir:

"Ata el- Horasani "ye "Akikası karşılığında rehindir " sözünün manası sorulunca, "Babasına şefaat etmekten mahrum kalır" dedi.68

İshak b. Hani diyor ki:

"Ahmet b. Hanbel'e "Çocuk akikası karşılığında rehindir" hadisinin manası soruldu . Şöyle cevap verdi:

-Evet, oğlan çocuk için iki, kız çocuk için bir koyun kesmek Peygamberin sünnetidir. Şayet çocuğun akika kurbanı kesilmezse, kesilinceye kadar akikası sebebiyle mahbus tutulur.

El-Esrem, Ahmet b. Hanbel'in şöyle dediğini nakleder:

"Bu hadisler içerisinde akika konusundaki "Her çocuk akikası karşılığında rehindir" hadisinden daha güçlüsü yoktur."

Yakup b. Bahtan diyor ki:

"Ahmet b. Hanbel'e akika konusunda sorulunca şöyle cevap verdi:

67-Buhâri:5471 68 - Beyhâki: 9/299

- Bu konuda, şu hadisten daha şiddetlisini bilmiyorum: "Çocuk, akikası karşılığında rehindir."

Hanbel, Ahmet b. Hanbel'in şöyle dediğini nakleder: " İmkanı ve gücü yerinde olan kimsenin, çocuğu için akika kesmemesini hiç hoş karşılamam. Bunu terk etmesin zira, Rasûl-u Ekrem:

-"Çocuk akikası karşısında rehindir" buyurmuştur. Bu hadis, bu konuda rivayet edilenlerin en şiddetlisidir. Peygamber (s.a.v), bundan sadece "ukuk " kelimesini kerih görmüştür. Kurban kesmeye gelince, bunu bizzat kendisi yapmıştır."

Ahmet b. el- Kasım diyor ki:

"Ahmet b. Hanbel'e akikanın farz olup olmadığı sorulunca şöyle dedi:

-Farziyetine gelince, orasını bilmem; farzdır da diyemem. Bu konudaki en şiddetli söz, kişinin akikası karşılığında rehin tutulmasıdır."

Yine Ahmed b. Hanbel bir başka yerde "Anne- babasına şefaat etmekten alıkonularak rehin tutulmuştur" demiştir.

Yukardaki hadiste geçen ^'L "kan sürülür" sözü

hakkında ihtilaf edilmiştir. Bu kelimeyi Hemmam, Yahya'dan o da Katade'den rivayet etmiş ve Katade, bu sözü yukarıda geçtiği gibi tefsir etmiştir.

İlim ehlinin çoğunluğu ise, bu konuda ona muhalefet ederek bunun cahiliye adetlerinden olduğunu söylemişlerdir.

Ayrıca Zühri, İmam Malik, İmam Şafii, Ahmet b. Hanbel ve İshak da bunu mekruh görmüşlerdir.

Ahmed b. Hanbel der ki:

"Çocuğun başına kan sürülmesini mekruh görüyoruz. Zira bu bir cahiliye adetidir."

Abdullah b. Ahmed b. Hambel diyor ki:

"Babama, akika boğazlandıktan sonra kanının çocuğa sürülüp sürülmeyeceğim sordum. "Kan sürülmez" cevabını

verdi. "

El-Hallal, Abbas b. Ahmed'in kendisine şöyle bir rivayette bulunduğunu anlatır:

"Ahmed b. Hanbel'e, çocuğun başına kan sürülmesi hususu soruldu ve "Bunu hoş karşılamam, çünkü cahiliye işlerindendir" diye cevap verince, "Fakat Hemmam

-4 "Kan sürülür" diye rivayet ediyor " denildi. Bunun

üzerine Ahmed b. Hanbel "Çocuğa isim verir" diye rivayette bulunan bir kişiden söz etti ve "Hemmam'ın bu husustaki sözünü beğenmiyorum " dedi.

Ahmet b. Haşim el- Antaki, Ahmet b. Hanbel'in şöyle dediğini bize rivayet etti:

"Hemmam ve Said, akika konusunda ihtilaf ettiler. -Birisi "kan sürülür " derken , diğeri isim 57

verilir " şeklinde rivayet etmiştir. "

Ahmed b. Hanbel"den, çocuğun başına kan sürmenin sünnet olduğuna dair bir başka rivayet de vardır.,

Hallal diyor ki

" İsme b. İsam, Hanbel'den, Ahmed b. Hanbel'in" Çocuğun başı traş edilir " dediğini bana rivayet etti."

Muhammed b. Ali, Salih'ten, o da Ahmed b. Muham-med b. Hazirriden, o da îshak'tan bana rivayet ettiğine göre, her biri Ahmet b. Hanbel'in şöyle dediğini söyle mislerdir:

-Kan mekruhtur. Semura hadisinin dışında rivayet edilmemiştir. "

Muhammed b. Hüseyin, Fadl'ın kendilerine şöyle anlattığını bana haber verdi: "Ahmed b. Hanbel'e "Çocuğun başı traş edilir mi? " diye sordum. "Evet" dedi. "Peki kan sürülür mü**? diye sorunca da "Hayır , bu cahiliye işlerindendir" dedi. Bunun üzerine ben "Peki Katade'nin Hasan Basri'den rivayet ettiği "Ve kan sürülür" hadisi ne olacak? " diye sordum, şöyle cevap verdi: "Hemmanı Said ise şeklinde rivayet etmiştir."

El-Esrem'in rivayetinde ise şöyle demiştir: İbnu Ebi Arube 69 Hemmam.is ^ji demiştir. Bana göre

bu rivayet hatalıdır."

Yakup b. Humeyd b. Kasib, Abdullah b. Vehb'den, o da Amr b. el-Haris'ten, o da Eyyüb b. Musa'dan, o da Yezid

b. Abdul-Müzeni'den rivayet ettiğine göre Rasul-u Ekrem şöyle buyurmuştur:

-Çocuk için akika kesilir, fakat başına kan sürülmez.

Büreyde hadisi de yukarıda geçmişti:

"Cahiliyye devrinde birimizin oğlu olduğu vakit bir koyun keser ve kanını çocuğun başına sürerdi. Nihayet İslam geldi; biz de bir koyun kesmeye ve çocuğun başını traş edip zağferanla kokulamaya başladık."

Beyhaki ve diğerlerinin naklettiklerine göre, İbn-u Cüreyc, Yahya b. Said'den , ö da Amra'dan, Hz. Aişe'nin şöyle dediğini rivayet etmiştir:

69 - Saîd b. Ebi Arûbe

-Cahiliye devri insanları, akikanın kanına bir pamuk tutarak onu çocuğun başına koyarlardı. Daha sonra Peygamber, kan yerine güzel koku sürülmesini emretti," ?o

îbnu'l- Münzir diyor ki:

"Rasûl-u Ekrem'in "Çocuk için (kurban kesip) kan akıtınız ve ondan eziyeti gideriniz 71 "buyurduğu sabittir. Madem ki Peygamber, çocuktan eziyetin kaldırılmasını bize emretti -ki kan, bir eziyettir, hem de en büyük eziyet-, ö halde çocuğun başının kan ile kirletilmesi caiz değildir. "

70 - Beyhâki:9/3O3

71 - Buhâri: 5471, Tirmizi: 1515, Ebû Dâvud:2839

4-Mekruh Görenlerin Getirdikleri Delillere Cevap

Hanbel'in rivayetine göre, İmam Ahmed b. Hanbel şöyle demiştir:

"Bunu mekruh görenlerin bir kısmından, akikanın cahiliye işlerinden olduğu rivayet edilmiştir. Oysa bu söz, hadisleri bilmeyişlerinden kaynaklanmaktadır. Zira bizzat Rasûl-u Ekrem, Hasan ve Hüseyin için akika kesmiş ve Ashabı Kiram da bunu yapmıştır. Bunlar ise akika kesmeyi cahilliye işi sayıyorlar. Oysa akika, Peygamberin bir sünnetidir. Nitekim o "Çocuk , akikası karşılığında rehindir" buyurmaktadır. Ebu Hureyre'nin rivayet ettiği bu hadisin isnadı güzeldir."

İmam Âhmed, el -Esrem'in rivayetinde ise şöyle diyor :

"Akika hakkında, Peygamberden müsned hadisler, ashabından ve tabiinden rivayetler olduğu halde bunlar " Akika cahiliye işlerindendir" diyorlar. Sonra da hayretle tebessüm etti.

Meymuni diyor ki:

"Ahmed b. Hanbel,'e "Akika hakkında Peygamber'den bir rivayet var mı?" diye sordum. " Evet, vallahi! Hem de birden çok hadis var: "Oğlan çocuk için iki, kız çocuk için bir koyun kurban edilir" dedi. Ben de "Peki, bununla çelişen hadisler ne olacak? deyince, şöyle cevap verdi: "Bunlara itibar edilmez."

Amr b. Şuayb'ın babasından, onun da dedesinden rivayet ettiği "Ukuk'u sevmiyorum" hadisine gelince, zaten

hadisin akışı akikanın müstehap olduğuna delildir. Zira hadisin tam metni şöyledir:

"Peygambere akika hakkında sorulunca "Ukuk'u sevmiyorum" buyurdu. Sanki "ukuk" isminden hoşlan mamış gibiydi. Bunun üzerine ashab-ı kiram "Ya Rasulallah! Biz sana, içimizden çocuğu olan birinin durumunu ancak soruyoruz " deyince Rasûl-u Ekrem:

-Sizden çocuğu için kurban kesmek isteyen, kessin. Oğlan çocuk için birbirine denk iki koyun, kız çocuk için bir koyun vardır, buyurdu. "

Ebu Rafi'nin hadisi ise sahih değildir. îmam Ahmed bu konuda, Peygamberin Hasan ve Hüseyin için akika kestiğine dair pek çok hadisler olduğunu söylemiştir.

Ebu Eyyub'un İkrime'den, onun da İbn-i Abbas'tan rivayet ettiğine göre, Rasûl-u Ekrem, Hasan ve Hüseyin için birer koç kurban etmiştir.72

Cerir b. Hazım'ın Katade'den, onun da Enes'den rivayet ettiğine göre, Rasûl-u Ekrem Hasan ve Hüseyin için iki koç kurban etmiştir. 73 Yahya b. Said, Amra'dan , o da Hz. Aişe'den rivayet ettiğine göre Hz. Aişe şöyle demiştir:

"Rasûlu Ekrem, Hasan ve Hüseyin'in doğumunun yedinci günlerinde onlar için akika kurbanı kesmiştir."

Şayet "Hasan için sakın akika kurbanı kesme..." hadisi sahih olsa bile , bu; akikanın mekruh olduğunu göstermez.

72 - Ebû Dâvûd: 2841

73 - Siinenü'l-Kübra: 9/299

Çünkü Hz. Peygamber, Fatıma'nın kurban etmesi gereken akikayı kendisi üstlenmek istemiş ve "Sen akika kurbanı kesme" diyerek bizzat kendisi akika kurban etmek suretiyle onu bu yükten kurtarmıştır.

Akikayı mekruh görenlerin "Bu, kitap ehlinin işlerindendir" sözüne gelince, Ehli Kitab'ın yapüğı şey, akikayı kız çocuklara değil, sırf erkek çocuklara tahsis etmeleridir. Nitekim hadisin lafzı da bunu göstermektedir. Zira Hz. Peygamber buyuruyor ki:

-Yahudiler, erkek çocuk için akika kurban keserler de kız çocuk için kesmezler. O halde siz, erkek çocuk için iki, kız çocuk için bir koyun kesiniz. "74

Âkika Kelimesinin Türetildiği Kök

Ebu Amr diyor ki:

Akikanın lügat manasına gelince, Ebi Ubeyd'in el-Esmai ve diğerlerinden naklettiğine göre bu kelimenin aslı, doğduğu anda bebeğin başında bulunan saç demektir. Çocuk için boğazlanan koyuna akika ismi verilmiştir. Çünkü çocuğun saçı, boğazlama esnasında traş edilmektedir. Hz. Peygamber bu yüzden "çocuktan eziyeti giderin "buyurmuş, bununla da saçı kastetmiştir."

Ebu Ubeyd diyor ki:

"Bu, sana şu anlattığım şeylere benzer: Araplar bazen bir şey, kendi dışında ki bir şeyle birlikte veya ondan

dolayı meydana gelmişse, o şeyi onunla isimlendirirler. İşte, kesilecek koyuna da akika ismi verilmiştir. Zira bu, akika adındaki saç ile beraberdir. Keza, her yeni doğan hayvanın , doğduğu esnada üzerinde bulunan tüylere de akika veya ikka denir. Nitekim şair Züheyr, yabani eşeğini anlatırken şöyle diyor:

Bu mu, yoksa karnı zayıf ve üzerinde akikasının kısa tüyleri bulunan yabani eşek mi?

Burada, "akika " derken kısa tüyleri kastetmiştir.

74 - Sünenü'l-Kübra: 9/302

Adiyy b. Er-Rika ise bir merkebi tasvir ederken diyor ki:

Onun ikkası döküldü de döktü tüylerini,

Bakla yemesinden sonra yeni bir gömlek giydi.

Yani, sütten kesilip bakla yemeye başlayınca, akika tüylerini atıp yenisini aldı.

Ebu Ubeyd diyor ki: "Akika ve ikka kelimeleri, hem insanlar hem de merkepler için kullanılır. Bunun dışındakiler için kullanıldığı duyulmamıştır.

Fakat İmam Ahmed b. Hanbel, Ebu Ubeyd'in akika hakkındaki bu açıklamasını ve bu konuda el-Esmai ile diğerlerinden rivayet ettiği şeyleri kabul etmeyerek şöyle demiştir: "Akika, boğazlamanın ta kendisidir. Ebu Ubeyd'in söylediği sözlerin hiç bir dayanağı yoktur.

Ebu Amr diyor ki

!Bazı nıuteahhirun uleması, Ahmed, b. Hanbel'in bu sözünü destekleme sadedinde, onun bu görüşünün dil

açısından bilinen bir manayı ifade ettiğini söylemişlerdir. Zira, Arap dilinde "kesti " anlamına gelir.

Anne-babasıyla ilişkisini kesti " sözü de bu kabildendir.

Şairin şu sözü, Ahmed b. Hanbel'in görüşünü takviye etmektedir:

Öyle şehirler ki, gençlik nazar boncuklarını orada kesti Ve toprağı tenime dokunan ilk yerdir orası.

Yani, gençlik çağma ulaşınca nazar boncukları kesilmiş.

İbn-u Meyyade'nin şiiri de buna benzemektedir: "Öyle şehirler ki, nazar boncuklarım üzerime orada takıldı, Aklım bana ulaştığında ise, benden kesilip alındılar.

Ebu Amr devamla diyor ki:

"Ahmed b. Hanbel'in, akikanın lügat manası hakkında ki görüşü, Ebu Ubeyd'in sözlerinden daha evlâ ve doğruya daha yakındır. Allahu a'lem."

El-Cevheri, diyor ki:

"Bir kimse, çocuğunun yedinci gününde kurban kestiği ve aynı şekilde akikasını (başındaki saçı) tıraş ettiği

zaman denir."

75 - Bu şiir, el-lisân'da şu şekildedir: Öyle şehirler ki, nazar boncuklarım orada takıldı, ve toprağı tenime dokunan ilk yerdir orası..

Böylece Cevheri, akikayı iki manaya hamletmiş oluyor. Bu yaklaşım daha uygundur. Allahu a'lem.

Hz. Peygamberin "Ukuk'u sevmiyorum" sözüne gelince; bu söz, kalplerin hoşlanmadığı isimlerin mekruh olduğuna dikkat çekmektedir. Rasûl-u Ekrem, bu tür isimlerden hiç hoşlanmazdı. Hatta kötü isimleri güzeli ile değiştirir, çirkin isimli bir yerde konaklamaz, ismi kötü olan iki dağın arasından da geçmezdi. Güzel ismi ve hayra yormayı severdi. Muvatta'daki bir hadis şöyledir :

"Rasûl-u Ekrem, sağmal bir deve hakkında:

-Bunu kim sağmak ister? buyurdu. Hemen bir adam kalktı. Rasûl-u Ekrem :

-Adın ne?

-Murra (acı)!

-Sen otur, dedi. Sonra yine :

-Kim bunu sağmak ister? dedi. Başka birisi- kalktı. Rasul-u Ekrem ona da :

-Adın ne ?

-Harb (savaş)!

-Sen de otur, buyurdu . Sonra yine :

-Kim bunu sağmak ister? deyince, yine bir adam kalkü. Rasul-u Ekrem, ona da :

-Adın ne ?

-Yeis (Yaşar)!

-Sen sağabilirsin, buyurdular.

imam Malik bu hadisi Muvatta'da mürsel olarak rivayet etmiştir. 76

76 - Muvatta: 2/973

İbn'u Vehb de el-Cami adlı kitabında bunu mürsel olarak şöyle nakletmiştir:

îbn- Lühey'a Haris b. Yezid'den, o da Abdurrahman b. Cübeyr'den Yeis el-Ğıfari'nin şöyle dediğini rivayet ediyor:

"Hz Peygamber bir gün bir deve getirilmesini isteyerek:

-Kim bunu sağacak diye sordu? Hemen bir kişi kalktı.

-Rasûl-u Ekrem:

- Adın ne ?

- Murra.

Sen otur, dedi. Sonra bir diğeri kalktı önada:

- Adın ne?

- Cemra (ateş koru).

-Sen de otur, dedi. Sonra bir başka adam kalktı. Ona da:

- Adın ne ?

- Yeis.

- Onu sen sağ, buyurdular. Ebu Ömer diyor ki:

"Bu, olayları kötülüğe değil de, hayra yorma babın-dandır. Bana göre, diğer bir anlam daha var: İsim ile isimlendirilen arasında uygun bir bağ bulunmaktadır. Bu bağın olmayışı çok nadirdir. Zira lafızlar, manaların kalıpları; isimler ise isimlendirilen şeylerin sesli ifadeleridir.

Şayet gözlerin bir lâkap sahibini görürse,

Ve onun lâkabını düşünürsen, genellikle manası lâkabının içindedir.

Demek ki, ismin çirkinliği isimlendirilenin çirkinliğine işarettir.

Tıpkı yüz çirkinliğinin kalp çirkinliğini göstermesi gibi.

Hz. Ömer, İmam Malik 'in anlattığı şu sözleri-Allahu a'lenı - bu yüzden söylemiştir:

-Hz. Ömer, bir adama :

- Adın ne ? diye sorunca, adam :

- Cemra (ateş koru), diye cevapladı. Hz. Ömer:

- Kimin oğlusun?

- Şihap (alev)'in oğlu.

- Kimlerdensin ?

- Huraka (yangın) kabilesindenim.

- Evin nerede ?

- Harratu'n - nar (ateş yakması) 'mda.

- Neresinden ?

- Zatu laza (alev sahibi)'nde. Bunun üzerine Ömer: -Hemen ailene yetiş, çünkü yanıyorlar, dedi. Gerçekten de Hz. Ömer'in dediği çıktı77 .

tbn-u Ebi Hayseme, Büreyde hadisini naklediyor: "Rasul-u Ekrem, hiç bir şeyi uğursuzluğa yormazdı. Bir gün Büreyde, Eşlem oğullarından olan ev halkıyla yetmiş süvari hâlinde yola çıktı. Derken geceleyin Rasul-u

Ekrem'le karşılaştı. Hz. peygamber:

- Sen kimsin? diye sorunca, o :

- Ben Büreyde (serincik)'im diye cevapladı. Bunun üzerine peygamber Ebu Bekr'e dönerek :

-Ya Eba Bekr! işimiz serinleşti ve

iyileşti., buyurdu sonra yine Büreyde'ye :

Kimlerden olursunuz ? diye sordu . Büreyde:

- Eşlem kabilesinden (selamette olan) dedi. Peygamber yine Ebu Bekr'e:

- Şimdi selamete ulaştık bili, buyurdu. Sonra:

- Hangi oymağından ? diye sordu Büreyde:

- Sehm kolundan (kurada çekilen ok), dedi. Yine peygamber :

- Kurada senin okun çıktı (kazandın), buyurdu.

Yine Peygamber, Hudeybiye barışının yapıldığı gün Süheyl b. Amr'ı görünce :

- îşiniz kolaylaştı, buyurdu.

Bir sefer esnasında iki dağın bulunduğu yere kadar gelmişti. O dağların isimlerini sordu. "Muhzin" (rezil eden) ve "Fadih " (perişan bırakan) olduğunu söylediler. Bunun üzerine o dağlardan yön değiştirdi ve aralarından geçmedi.

Ayrıca Asiye (isyankar) ismini, Cemile (güzel) ismiyle ve Esram (kesik) ismini de Zür'a (Ziraat) ismiyle değiştirmiştir.

77 - Muvatta: 2/973

Ebu Davud, Sünen'inde diyor ki;

Hz. Peygamber, el-As (asi), Aziz (güçlü) (Allah'ın isimlerinden), Atale (sertlik), Şeytan, el-Hakem (hikmetli), Gurab (karga) gibi isimleri hep değiştirmiştir. Şihab (alev) ismini Hişam, (cömertlik), Harb (savaş) ismini Silm (barış) Mudtaci (yatan) isimin Munbeis (kalkan) isimleriyle değiştirmiştir. Ayrıca Ard-ı Afra (çorak yer) ismini Hadira (yeşillik), Şi'bu Dalâle (sapıklık geçidi) ismini Şi'bu'l- Hüdâ (hidayet geçidi), Benu'z Zenye (zina oğulları) ismini Benu'r-Rişde (olgunluk oğulları) isimleriyle değiştirmiştir. 78

78 - Ebû Davud: 4956

Bu konu, dinin ele aldığı ilginç bir konudur. Yani kalplerin çirkin gördüğü ve kişinin nefret ettiği isimlerden, daha güzel olan ve kalplerin daha çok meyledeceği isimlere yönelme konusu... Hz. Peygamber bu hususta çok îtinâ gösterirdi. Hatta şöyle demiştir:

-Sizden biriniz "Midem habis oldu" demesin, fakat "midem bulandı " desin, buyurmuştur.79

İşte, akika kelimesiyle ukuk (anne-babaya isyan) kelimesi arasında böyle bir uygunluk ve benzerlik olduğu için Rasûl-u Ekrem bu kelimeyi kerih görmüş "Allah ukuk'u sevmez demiş ve arkasından "Çocuğu dünyaya gelen kimse, onun için kurban kesmek isterse, kessin" buyurmuştur.

.79 - Buhari: 6179 Müslim: 225

6 - Akika İsmini Vermek Mekruh Olur/ mu ?

Bu konuda ihtilaf edilmiştir:

Bir gurup alim bunu kerih görerek Peygamberin bu isimden hoşlanmamasını delil getirmiştir. Öyleyse bu kurbanlığa onun kerih gördüğü bir ismi takmak uygun olmaz. Şöyle derler: bu hadisin zahirine göre "akika" değil de "nesike" demek gerekir.

Bir diğer gurup ise "Akika ismini vermek mekruh değildir" diyerek bunun mubah olduğu görüşüne varmışlar ve "Çocuk akikası karşılığında rehindir, "şeklindeki Semura hadisiyle, "Çocuk akikası ile birliktedir." şeklindeki Selman b. Amir hadislerini delil getirmişlerdir.

İşte bu iki hadiste de "akika" lafzı geçmektedir. Bu da, mekruh değil, mubah olduğunu göstermektedir, so

Ebu Ömer şöyle diyor:

Bu hadisler, akika isminin mekruh olmadığına delâlet etmektedir. Tüm İslâm beldelerindeki fıkıh kitapları da buna göredir. Bu kitapta nesike değil, akika lafzı geçmektedir. Üstelik İmam Malik'in bu hadisinde mekruh olduğuna dair açık bir ifade yoktur. Amr. b. Şuayb'ın babasından, o da dedesinden rivayet ettiği hadis de böyledir. Her iki hadiste "Rasûlullah sanki bu isimden hoşlanmamış gibiydi" ve "Çocuğu için kurban kesmek isteyen kessin" ibaresi vardır.

Ben de derim ki; buradaki ihtilâf, fukahanın akşam kelimesi için atame (karanlık) kelimesini kullanmadaki ihtilaflarına benzemektedir. Bu konuda Ahmed b. Han-bel'den iki rivayet vardır. Bu iki konuda söylenecek son söz şudur: İşa (yatsı) ve nesike (kurbanlık) gibi / meşru isimleri terketmek ve bunların yerine akika ve atame kelimelerini kullanmak mekruhtur. Fakat kullanılan kelime şer'i olup da terk edilmez ve diğer isimler de arada bir kullanılırsa, bunun bir sakıncası yoktur. Zaten hadisler de bu manada birleşmektedir. Muvaffakiyet yalnızca Allah'tandır.

80 - Ebû Davûd: 2838, Tirmizi: 1522, Nesâi: 4220 tbn-i Mâce: 3165

7 - Farz veya müstehap oluşundaki, ihtilaf ve her iki tarafın delillerinin zikredilmesi:

İbnu'l- Münzir diyor ki:

Ulema, akikanın vacip olduğu hususunda ihtilaf etmiştir. Bir grup, Hz. Peygamber akika kesilmesini emrettiği ve onun emri derhal yerine getirilmesi gerektiği için vacip olduğunu söylemişlerdir.

Hasan'ı Basri'den bize rivayet edildiğine göre, akikası kesilmemiş bir kişinin kendi adına akika keseceğini söylemiştir. Ayrıca kız çocuk için akika gerekmediği görüşündeydi. Şöyle demektedir:

"Büreyde'den rivayet edildiğine göre, insanlar kıyamet gününde 5 vakit namaza arz olundukları gibi, akikaya da arz olunacaklardır."

İshak b. Raheveyh diyor ki:

Bize vala b. Ubeyd, Salih b. Hayyan'dan , o da İbn'i Büreyde'den o da dedesinden rivayet ettiğine göre, kıyamet gününde insanlar beş vakit namaza arz oldukları gibi, akikaya da arzolunacaklardır. İbn'i Büreyde'ye Akika nedir? diye sorulduğunda, "İslâm'da doğan her çocuk için akika kesmek gerekir" dedi.

Ebu'z-Zinad diyor ki:

Akika, müslümanların terkedilmesini kerih gördükleri işlerindendir. Hasan-ı Basri'den rivayet edildiğine göre, şöyle demiştir:

"Oğlan çocuk için, doğumunun yedinci gününde akika kesmek vaciptir."

Ebu Ömer şöyle der:

" Ulemanın, akikanm vacipliği konusundaki ihtilâfına gelince, Dâvûd ez-Zahiri ve diğerlerinin de içinde bulunduğu zahiri uleması, akikanın vacip olduğu görüşüne vararak, şöyle demişlerdir:

"Zira Resulullah bunu emretmiş, bizzat yapmış ve şöyle buyurmuştur: "Çocuk akikası karşılığında rehindir" "Çocuk akikası ile birliktedir". "Kız çocuk için bir koyun oğlan için iki koyun kesilir." Buna benzer bir çok hadis vardır. Bureydetü'l Eşlemi, bunu vacip görüyor ve namaza benzetiyordu. Hasan'ı Basri ise, oğlan çocuk için doğumunun yedinci gününde akika kesmenin, onun için akika kesilmemişse, bizzat kendisi adına kesmesinin vacip olacağına hükmetmiştir.

Leys b. Sa'd şöyle diyor:

"Çocuğun doğumunun yedinci gününe kadar, her hangi bir günde akikası kesilebilir. Şayet yedinci günde de kesmek mümkün olmaz ise, bundan sonra kesmesinde bir sakınca yoktur. Ne var ki, yedinci gününden sonra çocuk için akika kesmek vacip değildir."

Demek oluyor ki, Leys b. Sa'd yedi gün içinde akika kesmenin vacip olduğu görüşündeydi.

İmam Malik, bunun sünnet vacip olduğunu, amel etmek gerektiğini söylerdi. Bu aynı zamanda İmam Şafii, Ahmed b. Hanbel, İshak, Ebu Sevr veTaberi'nin de görüşüdür. " Ben de derim ki:

"Sünnet-vacip" kavramı, maliki ulemasına göre, müek-ked-müstehap olan ve terkedilmesi mekruh görülen şeyleri ifade etmektedir.

Böylece buna, vacipliği sünetten kaynaklanan bir vacip adım vermişlerdir. Bu bakış açısıyla

"Cuma günü boy abdesti almak, bayram kurbanını kesmek, akika kesmek "sünnet- vacip '"tir demektedirler.

Ahmed b. Hanbel'den akikanın vucûbiyeti konusunda iki görüş rivayet edilmekle beraber vacip olduğuna dair açık bir ifade nakledilmemiştir. Kendisinden nakledilen ibareler şunlardır:

El-Hallal, "El-Cami" adlı kitabının "Akikanın Vacip Değil Müstehap Oluşu" bölümünde şöyle diyor:

"Süleyman b. El-Eş'aş 'in bize haber verdiğine göre şöyle demiş: Ahmed b. Hanbel'e akikamn mahiyeti sorulduğunda şöyle dediğini işittim: "Akika, kesilen kurbandır "Sonra "Akika, başın traş edilmesidir' diyenlerin görüşünü reddetmiştir.

Muhammed b. Hüseyin, Fadl'ın şöyle rivayet ettiğini bana haber vermiştir:

"Ahmed b. Hanbel'e akikanın vacip olup olmadığını sordum, "Hayır, fakat kurban kesmek isteyen kessin "dedi.

Yine Fadl şöyle demiştir:

"Ahmed b. Hanbel'e akikayı vacip görüp görmediğini sordum, "Hayır" diye cevap verdi.

Yine Hallal, Ahmed b. Kasım1 dan şunu naklediyor:

"Ahmet b. Hanbel'e, akikanın vacip olup olmadığı sorulunca, şöyle cevap verdi: "Vacipliğine gelince, orasını bilmem; vaciptir de diyemem. Bu konudaki en şiddetli rivayet, "kişinin akikası karşılığında rehin olmasıdır. "

El- Esrem diyor ki:

" Ahmed b. Hanbel'e "akika vacip midir? " diye sordum da, şöyle cevap verdi: "Hayır, değildir. Bu konuda rivayet edilen en şiddetli söz, "Çocuk akikası karşilğında rehindir" hadisidir. "

Hanbel, Ahmed b. Hanbel'in şöyle dediğini naklediyor:

"Gücü ve imkanı müsait olan bir kimsenin çocuğu için akika kesmemesini hiç hoş görmem. Bunu terk etmesin, zira Hz. Peygamber,"Ç<?cw/;, akikası karşılığında rehindir" buyurmuştur. Bu da akika hakkındaki rivayetlerin en şiddetlisidir."

El- Haris diyor ki:

"Ahmed b. Hanbel'e "Fakir veya zengin bir kimseye, yeni doğan bir çocuğu için akika kesmesi vacip midir? " diye sordum. Şöyle cevap verdi:

"Hasan Basri, Semura'dan o da Rasûl-u Ekrem'den rivayet ediyor:

"Doğumunun yedinci gününde kendisi için kurban kesilip başı traş edilinceye kadar, her çocuk akikası karşılığında rehindir." 81 Bu, Rasûl-u Ekrem'in sünnetidir. Bu sünnetin ihya edilmesini arzu ederim. Allah'ın, bunun karşılığında bir bedel vereceğini ümit ediyorum. "

îshak b. İbrahim diyor ki:

"Ahmed b. Hanbel'e "Çocuk akikası karşılığında rehindir" hadisinin manasını sordum. Şöyle cevap verdi: " Evet, oğlan çocuk için iki; kız çocuk için bir koyun kesmek sünnettir. Şayet çocuk için akika kesilmezse, kesilinceye kadar akikası karşılığında hapsedilmiş olur."

Cafer b. Muharnmed şöyle diyor:

"Ahmed b. Hanbel'e, akika hususunda "Peki, kurban kesmek için hiç bir imkânı olmayan kimseye ne dersin? "diye soruldu. O da "Ona bir şey gerekmez " diye cevap verdi."

El- haris şöyle diyor:

81-Buhâri:5471

"Ahmed b. Hanbel'e, akika hakkında "Peki yanında kesebileceği bir hayvanı yoksa ne olacak?" diye sorulunca şöyle dedi: "Eğer borçlanarak bu işi yerine getirirse, ümit ediyorum ki, Allah bunun karşılığında daha iyi bir bedel verecektir. Zira bir sünneti ihya etmiştir."

Salih b. Ahmed b. Hanbel diyor ki:

"Babama sordum: "Bir adamın oğlu olsa ve yanında kesebileceği bir kurbanlık bulunmasa, borçlanarak çocuk için akika kesmesi mi, yoksa zengin oluncaya kadar ertelemesi mi daha uygundur? " Şöyle cevap verdi: "Akika konusunda işittiklerimin en şiddetlisi, Hasan Basri'nin Semura'dan, onun da Peygamberden rivayet ettiği "Her çocuk akikası karşılığında rehindir" hadisidir. Şayet borca girerse, Allah'ın ona bir an önce daha iyi bir bedel vereceğini ümit ediyorum. Zira Rasûl-u Ekrem'in sünnetlerinden bir sünneti ihya etmiş ve onun getirdiği şeye tabi olmuştur. "

İşte, Ahmed b. Hanbel'e ait naslar - gördüğün gibi -bunlardır. Fakat onun arkadaşları, vacip olduğu görüşünden hareketle üç fer'i hüküm çıkarmışlardır:

1- Akika, kendi malında-n çocuğa mı, yoksa babasına mı vaciptir?

2- Erkek çocuğa bir koyun mu, yoksa* iki koyun mu vaciptir?

3- Babası çocuk için akika kesmemiş ise, bu ondan sakıt olur mu, yoksa büyüdüğü zaman kendi adına akika

kesmesi gerekir mi?

Birinci fer'i hüküm hakkında iki görüş nakledilmiştir:

1- Babaya vaciptir. Bu söz, Ahmed b. Hanbel'den kesin ifadelerle nakledilmiştir.

İsmail b. Said eş-Şalenci diyor ki:

"Ahmed b. Hanbel'e sordum: "Bir kişi var ki, babası ona, kendisi için akika kesmemiş olduğunu bildiriyor. Acaba bu kişi kendi adına akika keser mi? " Şöyle cevap verdi: "Bu, babaya düşen bir vazifedir. "

2- Akikayı babaya vacip görenlerin delili, yukarda geçtiği gibi, bu işin ona emredilmiş olmasıdır. Çocuğa vacip olduğunu söyleyenler ise, "Çocuk, akikası karşılığında rehindir" hadisini delil getirmişlerdir.

Her iki grup da bu hadisi delil getirmişlerdir. Çünkü hadisin baş tarafı çocuğun akikası karışılığında rehin olduğunu bildirirken, son kısmı çocuk adına kan akıtılmasını emretmektedir. Akikanın vacip olduğu görüşünde olanlar şöyle derler:

"Erkek çocuk için iki koyun, kız çocuk için bir koyun " hadisi, bunun vacip olduğunu göstermektedir. Çünkü hadisin manası "Kız çocuk için bir koyun , erkek çocuk için iki koyun yeterlidir" demektir."

Ayrıca Selman b. Amr'ın Peygamberden rivayet ettiği "Çocuk, akikası ile birliktedir. Öyleyse onun adına kan akıtınız ve eziyeti ondan gideriniz" hadisini delil getirerek, bunun iki yönden vücuba delalet ettiğini söylemişlerdir:

1- "Çocuk, akikası ile birliktedir "hadisi, bir vakıayı değil, vücubiyeti bildirmektedir. Sonra da "Çocuk adına kan akıtınız" diyerek çocukla birlikte olan şeyi, kendisinden gidermelerini onlara emretmiştir.

Ayrıca Amr b. Şuayb'ın babasından, onun da dede sinden rivayet ettiği "Hz. Peygamber, doğumunun yedinci gününde çocuğa isim takılmasını, ondan eziyetin gide rilmesini ve akika kesilmesini emretti" hadisi de buna delâlet etmektedir.

Tirmizi, Yahya b. Halefin şu hadisini rivayet ediyor:

Bize Bişr b. Mufaddal, Abdullah b. Osman b. Hü seym'den, o da Yusuf b. Mahek'ten rivayet ettiğine göre, Hafsa Binti Abdurrahrnan'ın yanına girerek, ona akika hakkında sormuşlar. O da Hz. Aişe'nin kendisine şöyle dediğini onlara anlatmış:

"Rasulullah, erkek çocuk için iki koyun, kız çocuk için bir koyun kesmelerini onlara emretti.

Ebu Bekr b. Ebi Şeybe diyor ki:

"Bize Affan, Hammad b. Seleme'den, o da Abdullah b. Osman b. Hüseym'den, o da Yusuf b. Mahek'ten, o da Hafsa Binti Abdurrahman'dan Hz. Aişe'nin şöyle dediğini rivayet etmiştir:

"Rasulullah, erkek çocuk için iki koyun, kız çocuk için

bir koyun kesmemizi bize emretti.83 "

82 - Tİrmizi:1513, Tirmizi bu hadisin hasen-sahîh olduğunu söylemişi^.

83 - Ebû Bekir b. Ebi Şeybe, iviUsnetl. 4298

Yine Ebu Bekr naklediyor:

"Bize yakup b. Hubeyd b. Kasib, Abdullah b. Vehb'den, o da Amr b. Haris'den o da Eyyup b. Musa'dan, o da Yezit b. Abdu'l - Müzeni'den, Rasûl-u Ekrem'in şöyle buyurduğunu rivayet etmiştir:

"Çocuk için akika kesilir, fakat başına kan sürülmez. "

Bu sözün, emir manasında haberi bir cümle olduğunu söylemişlerdir.

Ebu Bekr diyor ki:

"Bize İbn-u Fudayl, Yahya b. Said'den; Muhammed b. İbrahim'in "Bir serçe bile olsa, akika kesilmesini emrederdi " dediğini rivayet etmiştir.

Akikayi müstehap görenlerin delilleri:

Bunun müstehap olduğuna kail olanlar şöyle derler:

"Şayet vacib olsaydı, onun vücubiyeti dinde açıkça bilinirdi. Çünkü bu, kendisine ihtiyaç duyulan ve çokça kar şılaşılan bir durumdur. Aynı zamanda, böyle bir hüküm mevcut olsaydı, Rasulullah bunun vacib olduğunu kesin bir hüccet olacak, hiç bir mazerete yer bırakmayacak şekilde umumi ve yeterli bir beyan ile ümmete açıklamış olurdu."

"Oysa ki, Rasulullah, akika kesme işini, bu işi yapan kimsenin isteğine bağlamış ve "Kimin bir çocuğu olur da onun için kurban kesmek isterse, kessin" buyurmuştur."

"Peygamberin fiili, vacibliğe değil müstehaplığa delalet eder."

84 - Ebû Bekrb. Ebi Şeybe, Müsned:4289

Ebu Davut, Amr b. Şuayb'dan şu hadisi rivayet etmiştir: "Rasûl- u Ekrem'e akika hakkında soruldu. O da:

-Allah, ukuk'u sevmez, diye cevap verdi. Sanki bu isimden hoşlanmamış gibiydi.85 "

"Yine Ebu Davud'un naklettiğine göre, Hz. Peygamber şöyle buyurmuştur:

-Kimin bir çocuğu olur da, onun için kurban kesmek isterse, erkek çocuk için birbirine denk iki koyun; kız çocuk için bir koyun kessin.

Bu hadis, mürseldir.

Ebu Davud bunu başka bir yerde "Amr'dan, o da babasından" şeklinde rivayet ederek "Zannedersem dede sinden " demiştir."

İmam Malik, Zeyd b. Eslem'den, o da Damra oğulların dan bir adamdan , o da babasından rivayet ediyor: "Rasûl-u Ekrem'e akika hakkında sorulunca "Ukuk'u sevmiyorum" diye cevap verdi. Sanki bu isimden hoşlanmamış gibiydi. Sonra şöyle buyurdu: "Kim çocuğu için kurban kesmek isterse, kessin.87"

Beyhaki diyor ki:

"Bu hadis, ilk hadis ile birlikte ele alınırsa birbirlerini

takviye ederler. 88"

85 - Ebû Bekir b. Ebi Şeybe, Müsned:4289

86 - Ebû Dâvud:7842

87 - Muvatta: 2/500

88 - Beyhaki: 9/300

Ben de derim ki:

Abdurrezzak, Amr b. Şuayb'm hadisinin güzel bir hadis olduğunu belirterek "Davut b. Kays, Amr

b. Şuayb'dan, o da babasından, o da dedesinden rivayet ettiğine göre, Hz peygambere akika hakkında sorulmuş.." şeklinde hadisi rivayet etmiştir.

Akika kesmenin müstehap olduğu vakit:

Ebu Davud, Kitabu'l - Mesail'de şöyle diyor: "Ebu Abdullah Ahmed b. Hanbel'den işittim, şöyle diyordu:

11 Akika, yedinci günde kesilir. "

Salih b. Ahmed b. Hanbel diyor ki: "Babam akika hakkında "Yedinci günde boğazlanır. Yapmazsa, ondördüncü günde, o zaman da yapmazsa yirmibirinci günde" demiştir."

El-Meymuni diyor ki: "Ahmed b. Hanbel'e çocuk için ne zaman akika kesileceğini sordum. Şöyle dedi:

"Hz, Aişe, "Yedi gün, ondört gün ve yirmibir gün" demiştir."

Ebu Talib şöyle diyor: "Ahmed b. Hanbel şöyle demiştir:

"Akika, yirmibirinci günde boğazlanır."

Akikanın yedinci günde kesileceğine delil yukarıda geçen Semura hadisidir: "Çocuk, akikası karşılığında rehindir. Doğumunun yedinci- gününde akikası kesilir ve isim takılır. 89

Abdullah b. Vehb şöyle diyor:

"Bize Muhammed b. Amr, İbn-u Cüreyc'den o da Yahya b-. Said'den, o da Amra Binti Abdurrahman'dan, Hz. Aişe'nin şöyle dediğini rivayet etmiştir:

"Hz Peygamber, doğumunun yedinci günlerinde Hasan ve Hüseyin için akika kesti, onlara isim verdi ve başlarındaki eziyetin giderilmesini emretti."

Ebu bekr b. El-Münzir şöyle diyor:

"Bize Muhammed b. El- İsmail Es-Saiğ, Ebu Ca'fer Razi'den, o da Ebu Züheyr Abdurrahman b. Mağra'dan, o da Muhammed b. İshak'dan, o da Amr b. Şuayb* dan, o da babasından, o da dedesinden şöyle rivayet etmiştir:

"Rasûl-u Ekrem, çoouğun doğumunun yedinci gününde isim takılmasını, akikasının kesilmesini ve kendisinden eziyetin giderilmesini emretti.90 "

Bütün ilim ehlinin görüşü budur. Onların sözlerinden bize ulaşanları nakledelim:

Bu konuda, Rasûlullah'a en yakın rivayet, müminlerin annesi Hz. Aişe'den nakledilmiştir. Ahmed b. Hanbel, Meymuni'nin rivayet ettiğine göre, bunu ondan naklet-

mistir.

Ayrıca Hasan Basri ve Katade, çocuğun doğumunun yedinci gününde akika kesileceğini söylemişlerdir.

Tirmizi: 1522. Tirmîzi, bu hadisin sahih olduğunu söylemiştir. ı - Tirmizi: 2837 82

Ebu Ömer b. Abdi'l - Berr şöyle diyor:

"Hasan Basri, çocuğun doğumunun yedinci günü akika kesilmesinin vacip olduğunu, şayet onun için akika kesil-memişise, bizzat kendi adına kesmesi gerektiğini söylerdi."

Leys b. Sa'd şöyle diyor :

"Çocuğun doğumunun ilk yedi gününde kendisi için akika kesilir. Şayet yedinci gün akika bulunamazsa, bundan sonra kesilmesinde bir sakınca yoktur. Fakat, yedi günden sonra çocuk için akika kesmek vacip değildir."

Ebu Ömer b. Abdi'] - Berr şöyle diyor :

"Leys b. Sa'd, akikanın yedi gün içinde kesilmesinin vacip olduğu görüşündeydi."

Ata diyor ki:

"Yedinci gün akika kesilmezse, bir sonraki yedinci güne ertelenmesini tercih ederim."Bu, aynı zamanda Ahmed b. Hanbel, İshak ve Şafii'nin de görüşüdür. İmam Malik ise ondördüncü günden ziyadesine itibar etmemiştir.

İbn-u Vehb diyor ki:

"Yirmibirinci günde çocuk için akika kesilmesinde bir sakınca yoktur. Bu; Hz. Aişe, Ata, Ahmed ve İshak'ın görüşüdür."

İmam Malik diyor ki;

"Çocuğun doğduğu gün, hesaba dahil edilmez. Ancak doğduğu günün gecesindeki fecrden önce doğmuşsa, o gün hesaba dahil edilir. " İşin zahirine bakacak olursak; Akika-n«ı bu vakte bağlı kılınması müstehaptır. Yoksa dördüncü, sekizinci, onuncu günde veya daha sonraki günlerde de kesilmiş olsa yeterlidir. Akikada, boğazlama gününe itibar edilir, pişirme ve yeme gününe değil.

Akika kesmek -fazladan bile olsa- onun kıymetini vermekten daha efdaldir.

Halâl, "Akikada müstehap olan şeyler ve akikanın tasadduktan üstün olması "bölümünde şöyle diyor: "Süleyman b. El-eş'as'ın bize rivayet ettiğine göre, şöyle demiştir: "Ahmed b. Hanbel'e akika hakkında soruldu, ben de dinliyordum: "Sence akika kesmek mi daha eftaldir, yoksa onun kıymetinin miskinlere verilmesi mi?" O da "akika " diye cevap verdi."

Ebul Haris rivayetinde ise şöyle demiştir: "Ahmed b. Hanbel'e, borçlanarak akika kesen kimsenin durumu sorulduğunda "Allah'ın, bunun karşılığında daha iyi bir bedel vereceğini ümit ederim. Zira bir sünneti ihya etmiştir" cevabını verdi."

Salih, babası Ahmed b. Hanbel'e şöyle sordu: " Bir adamın çocuğu dünyaya gelir ve kesebileceği bir akikası da yoktur. Sence, borçlanarak akika kesmesi mi, yoksa zengin oluncaya kadar*bu işi ertelemesi mi daha uygundur?" O da şöyle cevap verdi: "Akika konusunda işittiğimiz en şiddetli söz, Hasan Basri'nin Semura'dan , onun da Hz. Peygamberden rivayet ettiği "Her çocuk akikası karşılığın da rehindir" hadisidir.

Eğer borçlanarak akika keserse, Allah'ın bir an önce bunun karşılığında daha iyi bir bedel vereceğini ümid ediyorum. Zira bu kimse Peygamberin bir sünnetini ihya etmiş ve ondan gelen şeye tabi olmuştur."

Evet, akika kesmek, onun kıymetini tasadduk etmekten daha efdaldir. Çünkü bu bir sünnettir, anne-baba üzerine Allah'ın nimetlerinin tekrar tekrar tecelli etmesi sebebiyle kesilen meşru bir kurbandır.

Aynı zamanda bunda, İsmail (a.s.) için boğazlanıp feda edilen koçun fidye edilmesinden kaynaklanan ve miras olarak devraldığımız güzel bir hikmet daha vardır. Böylece İsmail (a.s.)'dan sonra zürriyeti arasında birinin doğumu esnasında bir koçun fidye verilmesi bir adet haline geldi. Allah adının anılmasının şeytanın zararına karşı çocuğu muhafaza etmesi nasıl ki tuhaf görülmüyorsa, Akika kesmenin de doğumdan sonra çocuğu koruyacak olması, garip karşılanmamalıdır.

Bu yüzden anne-babası tarafından kendisi adına Akika kesilmemiş olan kimseler çoğu zaman şeytan çarpmasına maruz kalmaktadırlar. Tabi ki şeriatin gizli hikmetleri bundan daha büyüktür. İşte bu yüzden kesilen Akikanın sayısı hususunda -biri diğerinden üstün olsa bile- doğru olan, erkek ve kızın akikasının meşruiyyeti konusunda müşterek olmalarıdır.

Ehl-i kitaba gelince, onlara göre kız çocuk için akika yoktur, bu yanhzca erkeğe mahsustur. Bir kısım selef uleması da bu görüştedir. Ebu Bekr b. El-Münzir diyor ki: "Bu babta, Hasan ve Katade'nin zahib olduğu üçüncü bir görüş daha vardır: Onlar, kız çocuk için Akika olmadığı görüşündeydiler." Fakat bu görüş, itibar edilmeyen zayıf bir görüştür. Bundan sonraki fasılda da görüleceği gibi bu görüş bir çok yönden hadislerle çelişmektedir. Demek oluyor ki, yerinde ve zamanında kesilen hediy ve udhiye 91 gibi bir kurban, onun kıymetini vermekten-daha fazlasını vermiş olsa bile- efdaldir. Zira asıl maksat boğazlamanın bizzat kendisi ve kan akıtmadır. Kurban kesme, namaz ile birlikte zikredilen bir ibadettir.

Nitekim yüce Allah şöyle buyuruyor:

"Öyleyse Rab hin için namaz kıl ve kurban kes." 92

"De ki: "Benim namazım, kurban kesmem, hayatım ve ölümüm, alemlerin Rabbi olan Allah içindir."93

Zaten her dinde namaz ve kurban vardır. Bu ikisinin dışındakiler, bunların yerini tutamaz. İşte bu yüzden temettü ve kıran haccı için kurban kesme yerine bunun bir kaç misli kıymetinde tasaddukta bulunulsa bile onun yerine geçmez. Bayram kurbanı için de aynı şey söz konusudur.

Allahü a'lem.

91 - Hedy: Mekke-i Mükerreme'ye götürülen kurbanlık hayvan. Udhuye: Kurban bayramında kesilen kurbanlık hayvan.

92 - Kevser: 2

93- En'am:162EbûDavûd:2842

Akika konusunda erkek ve kız çocukların birbirlerinden farklılıkları ve ulemanın bu husustaki İhtilafları:

Bu konuda iki mesele vardır:

1. Mesele:

Tıpkı erkek çocukta olduğu gibi, kız çocuk için de akika kesmek sünnettir. Bu; sahabe, tabiun ve sonraki alimlerin çoğunluğunun görüşüdür. Hasan Basri ve Katade' nin kız çocuk için akika kesilmeyeceği görüşünde olduklarına dair îbnü'l- Münzir'in rivayeti yukarda geçmişti. Galiba onlar "Çocuk, akikası ile birliktedir" hadisine dayanarak bunu söylemişlerdir. Bu hadisi, Hasan ve Katade Semura'dan rivayet etmişlerdir. Hadiste geçen 'fSuül "çocuk" kelimesi, kızlara değil yalnızca erkeklere verilen bir isimdir. Fakat Ümmü Kürz hadisi bu görüşü reddetmektedir: Ümmü Kürz, Rasûl-u Ekrem'e akika hakkında sorunca Rasulullah "Erkek çocuk için iki, kız çocuk için bir koyun kesilir. Bu hayvanların erkek veya dişi olmalarının bir sakıncası yoktur" buyurmuştur. Bu hadis sahihtir.

Tirmizi ve diğerleri de bunun sahih olduğunu söylemişlerdir.94

94-Tirmizi:l516

Keza Hz. Aişe hadisi de bu görüşü reddetmektedir:

"Hz. Peygamber, erkek çocuk için iki koyun, kız çocuk için bir koyun kesmemizi emretti."95 Bu hadisin senet zinciri yukarıda geçmiştir.

Ebu Asım diyor ki:

"Salim b. Temim bize A'rac1 dan, o da Ebu Hürey-re'den, Rasûl'u Ekrem'in şöyle dediğini rivayet etmiştir:

"Yahudiler erkek çocuk için akika keserler de, kız çocuk için kesmezler. Öyleyse siz erkek için iki koyun, kız için bir koyun akika kesiniz."96

îmam Malik diyor ki:

"Erkek çocuk için de, kız çocuk için de birer akika kesilir. Bu konuda erkek ile kız birbirine eşittir." O bu görüşü için Ebu Davut'un naklettiği şu hadisi delil getirmiştir:

"Ebu Ma'mer Buzi Abdul Varis'den, o da Eyyub'den, o da İkrime'den o da İbn'i Abbas'dan rivayet etliğine göre Hz. Peygamber Hasan ve Hüseyin için birer koç kurban etmiştir. 97 "

95 - Ibn-i Ebi Şeybe:4 298

96 - Beyhaki: 9/302 Aynı senedle rivayet etmiştir.

97-EbûDavûd:2841

Ebu Ömer diyor ki:

"Cafer b. Muhammed babasından, Hz Fatıma'nın Hasan ve Hüseyin için birer koç kurban ettiğini rivayet etmiştir."

"Abdullah b. Ömer, erkek ve kız çocukları için birer akika keserdi."

Ebu Cafer b. Muhammed b. Ali b. Hüseyin (r.a) da bu konuda İmam Malik ile aynı görüştedir."

Yine Ebu Ömer b. Abdi'1-Berr şöyle diyor:

"îbn-i Abbas, Aişe ve bir grup hadis uleması "Erkek çocuk için iki koyun, kız çocuk için bir koyun" kesileceği görüşündedirler."

Daha sonra Ebu Ömer Ümmü Kürz hadisinin bir kısmıyla, Amr b. Şuayb'ın babasından o da dedesinden, o da dedesinden, Peygambere ref ederek (ulaştırarak) rivayet ettiği şu hadisi zikretmiştir:

"Kim çocuğu için kurban kesmek isterse, erkek için iki koyun; kız için bir koyun kessin."98

Erkeğin kızdan üstün olduğunu ifade eden hadis ile Hasan-Hüseyin'in akikası konusundaki İbn-i Abbas hadisi arasında herhangi bir çelişki yoktur. Zira îbn-i Abbas hadisi iki ayrı lafızla rivayet edilmiştir.

1. Onlar için birer koç kesti.

2. Onlar için ikişer koç kesti. Herhalde ravi, Hasan ve Hüseyin'in her ikisi için ikişer koç kesildiğini anlatmak istemiş ve ûjV>< kelimesiyle

yetinmiştir. Daha sonra bu ifade ısla üûs şeklinde lafza dikkat edilmeksizin mana ile rivayet edilmiştir. Veya,

anneleri Hz. Fatıma, her ikisi için ikişer tane koç kesmiş yukarıdaki iki hadis de bu şekilde mana ile rivayet edilmiş olabilir. Bu durumda iki koçtan birisi Rasül-ü Ekrem,, diğeri ise Fatıma tarafından kesilmiş oluyor. Böylece, bütün hadisler bir noktada birleşmiş olurlar.

98-EbÛ Davut: 2842

Bu, şeriatın kaidesidir: Yüce Allah, erkek ile kadını birbirinden üstün kılmış, kadını miras, diyetler, şahitlik, köle azad etme ve akika konularında erkeğin yarısına denk tutmuştur. Nitekim. Tirmizi'nin rivayet edip sahihtir dediği Ebu Umame hadisinde, Rasul-ü Ekrem şöyle buyurmuştur:

"Herhangi bir müslüman bir müslümanı hürriyetine kavuşturursa bu ikisi cehenneme karşı onun fidyesi olurlar. Onun her bir uzvu kendisinin bir uzvuna denk gelir. Herhangi bir müslüman iki müslüman kadını hürriyetine kavuşturursa, bu kadınlar cehenneme karşı onun fidyesi olur. Onların birer uzuvları, kendisinin bir uzvuna denk gelir." 99

99 - Tirmİzi: 1547

Mürre b. Ka'b es-Sülemi, Rasül-ü Ekrem'in şöyle buyurduğunu rivayet etmiştir:

Hakkında hiç bir hadis olmasaydı bile, bu kural gereğince, akika konusunda da erkeğin kadından üstün olması gerekirdi. Hele hele sağlam hadisler erkeğin üstünlüğünü açıkça gösterirken durum nasıl olacak?

Akikamn amacı, hikmet ve faydaları:

El Hallal, "Cami" adlı eserinde "Akikamn amacı ve sünnet ihya edildiği için ümid edilen hayırlı bedel1 1 bö1;i-rnünde şöyle diyor: "Ebul Haris, Ahmed b. Hanbel'e akika hususunda sormuş:

"Peki, yanında kesebileceği bir kurban olmazsa ne olacak?" Şöyle cevap vermiş:

"Şayet borca girerse, bunun karşığında Allah'ın daha hayırlı bir bedel vereceğini ümid ederim. Zira bir sünneti ihya etmiştir."

Salih, babası Ahmed b. Hanbel' den rivayet ediyor:

"Şayet borca girerse, bunun karşılığında Allah'ın kendisine daha hayırlı bir bedel vereceğini ümid ediyorum. Zira Rasülullah'ın bir sünnetini ihya etmiş ve ondan gelen şeye tabi olmuştur."

Akikamn faydalanndan biri de, dünyaya geldiği ilk anlarda çocuk adına kesilmek suretiyle, kendisiyle Allah'a yaklaşılan bir kurban olmasıdır. Çocuk bundan son derece istifade eder. Tıpkı kendisi için yapılan duanın, hac iba deÛerinde bulunmanın, kendi adına ihrama girmeni ı vs. çocuğa faydalı olması gibi... Yine bir başka faydası da bu akikamn çocuğu rehin olmaktan kurtarmasıdır. Zira o, akikası karşılığında rehin tutulmakta idi.

Ahmed b. Hanbel, "Rehin tutulma hadisesi"ni, "Çocuk, anne-babasma şefaatten mahrum bırakılır" şeklinde açıklamıştır.

Aynı konuda Ata b. Ebi Rebah "Çocuğunun şefaatinden mahrum kalır" demektedir.

Akikanın bir diğer faydası da çocuğa mukabil verilen bir fidye olmasıdır. Nitekim yüce Allah kurban edilecek olan İsmail karşılığında koçu fidye olarak vermiştir. Cahiliyye devri insanları da bu kurbanı keserek ona akika ismini veriyor ve hayvanın kanını çocuğun başına sürüyorlardı. Nihayet Rasûl-ü Ekrem kurban kesme işini onaylamakla birlikte "ukuk" kelimesini ve kurban kanının çocuğun başına sürülmesini iptal ederek "Ukuku sevmiyorum" ve "Çocuğun başına kan sürülmez"!oo buyurmuştur.

Ayrıca, çocuk için boğazlanan akikanın ancak bayramda kesilen veya Mekke-i Mükerreme'ye gönderilen kurbanlık statüsünde ele alınması gerektiğini bildirerek "Kim çocuğu için kurban kesmek isterse, kessin" buyurmuş ve' bunu Allah'ın; İsmail için feda ettiği ve kendisine bir yakınlık vesilesi kıldığı, bayramda kesilen kurbanlık statüsüne getirmiştir.

100 - Ahmed b. Hanbel: 4/235,236 Ebû Davûd: 3967

Akikanın, çocuğun güzelce yetişmesinde, sağlık ve esenliğinin devam etmesinde, şeytanın zararından korunmuş olarak ömrünün uzamasında bir sebep oluşu, Allah'ın sünnetullah ve kaderindeki hikmetiyle çelişkili görülmemelidir. Ta ki, kesilen akikanın her bir uzvu çocuğun uzuvlarına fidye olsun. İşte bu yüzden, kurban kesilirken

okunan duaların, akika boğazlanırken de söylenmesi müs-tehaptrr.

Ebu Talip şöyle diyor:

"Ahmed b. Hanbel'e "Bir kimse kurban keserken hengi duayı okur?" diye sordum. Şöyle cevap verdi: "Bismillah diyerek kurbanı boğazlarken ettiği niyet gibi niyet eder. Sonra "Bu filan oğlu filanın akikasıdır" der. Bu yüzden akika keserken "Allahümme minke ve lek" ıoı demek gerekir.

Udhiye kurbanının tasadduk edilmesi ve etinin dağıtılması konularında müstehap olan şeyler, akika için de müstehaptır. Çocuk için kesilen akikada; Allah'a yaklaşma, şükretme, fidye ve sadaka verme, büyük ve sevinçli olaylarda Allah'a şükretme nikâhtan asıl maksat olan çocuk nimetini izhâr etmek için yemek yedirme manaları vardır. Bu çocuğun dünyaya gelmesine vesile olan nikâh için yemek yedirme meşru kılınmış ise, istenen amaca ulaşıldığı zaman meşru olması daha evla ve daha layıktır. Yemek yedirme işi, bahsetmiş olduğumuz hikmetleri içeren bir kurban kesme şeklinde meşru kılınınca, çocuk hakkındaki bu hükümlerden daha çok kalbe hoş ve tatlı gelen bir şey olamaz. Düğün, nikah vb.. Vesilelerle verilen yemekler de aynı kategoriye dahildir.

Akika, Allah'a kulluk amacıyla İslam şiarlarının yerine getirilmesinden doğan ve kıyamet günü Peygamberin

iftihar ederek düşmanlarını kendisiyle boyun eğdireceği müslüman bir ferdin dünyaya gelmesinden kaynaklanan sevinç ve neşenin açığa vurulmasıdır.

101 - "Allah'ım, senden gelmiştir ve sana aittir."

Hz. Peygamber, islâm'da akikanın varlığını kabul ederek onun durumunu pekiştirip; çocuğun, akikası karşılığında rehin olduğunu bildirince, çocuğun başına kan sürülmesini yasaklayarak, bir parça zağferan sürülmesini sünnet haline getirdi. Çünkü onlar, cahiliyye devrinde akikanın kanını çocuğun başına ancak teberrük (bereket umma) amacıyla sürüyorlardı. Onlara göre kurban kanı mübarek idi. Hatta bunu, yüceltme ve şereflendirme amacıyla ilahlarına da sürüyorlardı. Daha sonra müslü-manlar bu adette müşriklere benzeyiş söz konusu olduğu için bunu terketmekle emrolundular. Bunun yerine onlara hem ebeveyn, hem çocuk ve hem de yoksullar için daha faydalı olan bir bedel verildi. Bu bedel, çocuğun başının tıraş edilerek saçı ağırlığınca altın veya gümüşün tasadduk edilmesidir. Peygamber ayrıca, çocuğun başına pis kokulu ve necis olan kan yerine temiz kokulu ve güzel olan zağferan sürülmesini sünnet kıldı. Zağferan; en hoş, en zarif ve en güzel kokulardandır. Çocuğun başının tıraş edilmesi; kendisinden eziyetin kaldırılması, yerine daha güçlü, daha sağlam ve başa daha faydalı saçların gelmesi için zayıf saçların giderilmesi demektir. Üstelik bunda, çocuğun yükünün hafifletilmesi, hararetin kolaylıkla çıkabilmesi için baştaki gözeneklerin açılması gibi faydalar da vardır. Ayrıca bu, çocuğun görme, koklama ve işitme kabiliyetlerinin gelişmesine yardımcı olmaktadır.,

Erkek çocuk için iki koyun kesilmesi, onun şerefini göstermek ve kız çocuğa karşı üstün olan konumunu açıklamak için meşru kılınmıştır. Nitekim erkek çocuk; miras, diyet ve şahitlikte de üstün kılınmıştır.

Erkek için kesilecek iki koyunun birbirine denk olması da hükme bağlanmıştır. Ahmed b. Hanbel

Birbirine eşit veya birbirine yakın" demektedir. 102 El - Meymuni'nin rivayetinde "birbirinin misli iki koyun",

Cafer b. Haris'in rivayetinde ise "birbirine benzer" demektedir. Bu iki koyundan her birisi bedel ve fidye olduğu için, cins ve yaşta birbirlerine denk olmaları emredilmiş ve her ikisi bir tek koyun gibi kabul edilmiştir. Yani söylenmek istenen şudur; şayet fidye bir tek koyunla yerine getirilmiş olsaydı, o koyunun yetişkin ve mükemmel olması gerekirdi. İki koyunla yerine getirilince, ikinci koyunun sembolik olduğu düşünülerek işin hafife alınmayacağından emin olunamazdı. "Ne de olsa bir -koyunla' fidye hasıl olmuş. İkincisi ise zaten asıl gaye değil, tamamlayıcı bir unsur gibidir" gibi bir zanna kapılmak da mümkündür. İşte bu muhtemel yanlış anlamayı ortadan kaldırmak için her ikisinin de birbirlerine denk olmaları hükme bağlanmıştır.

102 - Ebû Davûd: 2834

Bu hükümde; akikanın, udhiye ve benzeri kurbanlarda bulunması gereken kusurlardan arındırılmış olması gerektiğine de dikkat çekilmektedir.

Akikanın faydalarından biri de, çocuğun rehin olmaktan kurtarılmasıdır. Çünkü Hz. Peygamberin buyurduğu gibi çocuk, akikası karşılığında rehindir. Bu hapsedilme ve rehin tutulmanın manasında ihtilaf edilmiştir. Bir grup "Çocuk, anne-babasına şefaat etmekten men edilecektir" demiştir. Nitekim Ata bu görüşe varmış Ahmed b. Hanbel de bu konuda ona uymuştur. Oysa bu görüşte apaçık bir bozukluk vardır. Çünkü çocuğun babasına şefaat etmesi, babanın çocuğuna şefaat etmesinden daha evla değildir. Bir kimsenin bir çocuk babası olması o çocuğa şefaat etme hakkını ona vemez. Diğer hısım ve akrabalıklar da böyledir. Nitekim yüce Allah "Ey insanlar, rabbinize karşı gelmekten sakının ve babanın çocuğundan bir karşılık görmeyeceği, çocuğun da babasından hiç bir karşılık görmeyeceği bir günden sakının" 103, "Ve öyle bir günden *korkun ki, o gün hiç kimse kimsenin yerine bir şey ödeyemez, kimseden şefaat de kabul edilmez, kimseden fidye de alınmaz ve onlara hiç bir yardım yapılmaz" 104 ve "Ne alışverişin, ne dostluğun ve ne de şefaatin olmadığı gün gelmezden önce...."105 buyurmaktadır.

103 - Lokman: 33

104 - Bakara: 48

105 -Bakara: 254

Öyleyse Allah, dilediği ve razı olduğu kimselere izin vermedikçe kıyamet günü kimse kimseye şefaat edemez. Onun şefaat izni ise şefaat edilecek olan kimsenin tevhid ve ihlasındaki durumuna; şefaat edecek olanın Allah'a yakınlık derecesine bağlıdır. Şefat mertebesi; akraba, oğul veya baba olmayla hak edilmez. Nitekim şefaatçilerin efendisi ve Allah katında en şereflisi olan Hz. Muhammed; amcası, halası ve kızına hitaben:

-Allah'a karşı size hiç bir fayda sağlayamam!*06 başka bir rivayette ise:

-Sizin için Allah'a karşı hiç bir şeye gücüm yetmez107 buyurmaktadır.

Ayrıca Rabbinin huzurunda secdeye kapanıp şefaat dilendiği andaki "Şefaati uzma"sı hakkında şöyle diyor:

-Allah benim için bir sınır çizer de ben onları cehennemden çıkarır cennete koyarım.108

Demek ki onun şefaati dahi Allah'ın kendisi için çizdiği sınırlı bir çerçevededir. Onun şefaati bu sınırı aşamaz. O halde nasıl "Çocuk babasına şefaat edecektir. Babası onun için akika kesmemiş ise çocuğunun bu şefa-atından mahrum kalacaktır" diyebiliriz? Üstelik başkasına şefaat edemeyen kimseye "rehin tutulmuş" da denilmez, ibarede buna delalet edecek bir şey yoktur. Allah-ü Teala

"Her nefis kazandığının karşılığında rehindir 109" Ve "Onlar kazandıkları şey ler karşılığında rehin tutulmuş kimselerdir, no" buyurmak suretiyle, kulun rehin tutulmasının kazandığı şeylere bağlı olduğunu bildirmiştir. Öyleyse rehin tutulan kimse ya kendi ameli ya da başkasının ameli karşılığında hapsedilmiş demektir. Başkası için şefaat edemeyen kimseye gelince, buna mutlak anlamda "rehin tutulmuş" denilemez. Bilakis rehin tutulmuşkimse, ulaşma ve elde etme durumunda olduğu şeyden engellenmiş olan kimsedir. Bunun kendisinden kaynaklanan bir sebep olması da gerekmez. Aksine bazen kendi fiilinden meydana gelirken, bazen de başkasının fiilinden kaynaklanabilir.

106 - Nesâi: 3646

107 - Müslim: 204

108 - Buhân: 6565

109 - Müddesir: 38

110 -En'âm:70

Demekki yüce Allah, çocuk için kesilen kurbanı, dünyaya gelişinden itibaren kendisine musallat olan ve vesveselerle böğrüne dürtükleyip duran şeytanın rehin-liğinden kurtulması için bir sebep kılmıştır. Böylece Allah akikayı çocuk için bir fidye ve şeytanın onu hapsetmesinden, esareti altında tutmasından ve dönüp varacağı yer olan ahiretinin maslahatı için çalışmasını engellemesinden kurtulması için bir sebep kılmıştır. Sanki o, şeytanın kendi tabileri ve dostları için hazırladığı bıçağı ile boğazlamaması için hapsedilmiştir. Şeytan az bir kısmı hariç Adem'in zürriyetinin kökünü kazıyacağına dair Rabbine and içmiştir. Dünyaya gelmesinden itibaren çocuğu gözetlemeye başlar. Çocuk çıktığı an düşmanı olan şeytan alelacele onu kucaklayıverir ve avucunun içine, esareti altına alıp kendi hizbi ve dostları arasına.katmayı şiddetle arzu eder. Zaten en fazla tamah ettiği şey de budur. Çocukların büyük bir kısmı ise onun ordusu ve bölüğüne dahil olmaktadırlar. Nitekim yüce Allah "Mallarında ve çocuklarında onlara ortak ol" m "And olsun İblis, onlar hakkındaki zannını doğru çıkardı 112" buyurmaktadır.

İşte çocuk, böyle bir rehin tutulma durumuyla karşı karşıya olduğu için yüce Allah, anne-babanın çocuğa fidye olacak bir kurban kesmek suretiyle ondaki rehinliği kaldırmalarım hükme bağlamıştır. Şayet onun adına kurban kesilmez ise bunun karşılığında rehin kalmaya devam eder. Bu yüzden Hz. Peygamber:

-Çocuk, akikası karşılığında rehindir. Öyleyse onun adına kan akıtarak ondaki eziyeti gideriniz, buyurmak suretiyle çocuk adına, rehinlikten kurtulacağı kanın akıtılmasını emretmiştir. Şayet rehin tutulma anne babayla ilgili bir hadise olsaydı, şöyle demesi gerekirdi.

-Öyleyse, çocuklarınızın şefaatinin size ulaşması için kendi adınıza kan akıtınız.

Hz. Peygamber çocuktaki görünen eziyeti gidermeyi ve rehin olmasından kaynaklanan gizli eziyeti giderecek olan kan akıtmayı emredince, öyle anlaşılıyor ki bu, çocuğun gizli ve açık eziyetlerden kurtanlması amacına yönelik bir emirdir. Allah ve Rasülü kendi muradlarını daha iyi bilirler.

Akika etinin Çiğ olarak dağıtılmayıp pişirilmesinin müstehap oluşu:

Hallal, "CamTinde, "Akika kesmeyle ilgili müstehap olan şeyler" bölümünde şöyle diyor:

"Abdulmelik el Meymuni*nin bildirdiğine göre, kendisi Ahmed b; Hanbel'e "Akika pişirilir miT diye sorunca, "Evet" şeklinde cevap vermiş.

Bana Muhammed b. Ali, el Esrem'den, Ahmed b. Han-bel'in akika hakkında "Uzuvlar halinde pişirilir" dediğini rivayet etti.

Ebu Davud1 un bana rivayet ettiğine göre Ahmed b. Hanbel' e "Akika pişirilir mi?" diye sorunca "Evet" diye cevap vermiş. "Fakat pişirmek onlara ağır gelir" denilince "Buna katlanırlar" demiş. Muhammed b. El Hüseyin, Fadl b. Ziyad'dan rivayet ediyor: Ahmed b. Hanbel'e akika hakkında "Tuzlu su ile pişirilir mi?" diye sorulunca bunun müstehap olduğunu söyledi. "Başka bir şeyle pişirilse?" diye sorulunca "Sakıncası yoktur" diye cevap verdi.

Evet, akikanın eti pişirilir. Çünkü bu, fakirleri ve komşulaıı pişirme zahmetinden kurtanr. Bu da iyilikte ve bu nimetin şükrünü eda etmede bir üstünlüktür. Böylece komşular, çocuklar ve fakir fukara afiyetle ve zahmetsiz bir şekilde bundan istifade ederler. Zira kendisine temizlenmiş, pişirilmiş ve yemeye hazır hale getirilmiş et sunulan bir kimse, külfet ve yorgunluk gerektiren çiğ ete sevinmesinden çok daha fazla sevinir. Bu yüzden İmam Ahmed "Buna katlanırlar" demiştir. Şükrün edâ edilebilmesi için böyle yemeklerin pişirilerek hazırlanması daha uygundur. Bu tür yemeklerin çeşitli isimleri vardır:

Kıra : Misafir yemeği.

Me'dube : Davet yemeği.

Tuhfe : Ziyaretçi yemeği.

Velime : Düğün yemeği.

Hurs : Doğum yemeği.

Akika: Çocuğun başının tıraş edildiği yedinci gün kesilen kurban yemeğidir.

Nakia: Sefer dönüşü verilen yemek.

Vekira: İnşaat bitirildiğinde verilen yemek.

Bu durumlarda yemek yedirmek, eti dağıtmaktan daha güzeldir.

Akikanın kemiklerini kırmanın mekruh oluşu :

Hallal, "Cami"inde, "Akika kemiğini kırmanın keraheti ve parça parça kesilmesi" bölümünde şöyle diyor:

"Abdulmelik b. Abdülhamit bana Ahmet b. Hanbel'in akika hakında "Kemikleri kırılmaz, fakat her kemik eklem yerinden kesilir. Öyleyse sen de kemikleri krrma" dediğim rivayet etmiştir."

Abdullah b. Ahmed b. Hanbel'in rivayetine göre, babasına "Akikaya ne yapılır?" diye sorunca, "Organları birbirinden ayrılır ve hiç bir kemiği kırılmaz" diye cevap verdi.

Hallal daha sonra, Salih, Hanbel, Fadl b. Ziyad, Ebu Haris ve Ebu Talip'ten, Ahmed b. Hanbel'in akika hakkında "Birbirinden ayrılır, hiç bir kemiği kırılmaz ve organlar halinde kesilip ayrılır" dediğini nakletmiştir.

Ebu Davud "Kitabu'l-Mesaü"de, Cafer b. Muhammed'-den o da babasından, Hz. Fatıma'nın Hasan ve Hüseyin için kestiği akika hakkında, Hz. Peygamberin "Ebeye bundan bir bud gönderin; yiyin, yedirin, hiç bir kemiğini de kılmayın" dediğini zikretmektedir.

Beyhaki, Abdül-Varis'den, o da Amr el Ahval'dan, o da Ata'dan, o da Ümmü Kürz'den Hz. Peygamberin "Erkek çocuk için birbirine denk iki koyun, kız çocuk için bir koyun kesilir" dediğini nakletmektedir. Ata der ki: "Uzuvlar halinde kesilir, hiç bir kemiği kırılmaz" zannedersem "pişirilir" de dedi.

İbnü Cüreyc bunu Ata'dan şöyle nakletmiştir: "Parça parça kesilir, tuzlu suyla pişirilir ve komşulara dağıtılır."

Bu konuda Cabir b. Abdillah ve müminlerin annesi Hz. Aişe'nin de görüşleri rivayet edilmiştir. İbnül Münzir, Ata'dan o da Ebu Kürz ve Ümmü Kürz'den, şöyle dediklerini rivayet etmiştir: Abdurrahman b. Ebu Bekr'in ailesinden bir kadın dedi ki:

-Abdurrahman'ın karısı doğum yapınca, biz bir deve boğazladık. Bunun üzerine Hz. Aişe "Hayır, öyle yapmayın. Sünnet olan, erkek çocuk için birbirine denk iki koyun, kız çocuk için bir koyun kesmektir. Bunlar tasadduk edilir ve kemikleri kmlmaz. Yer, yedirir ve tasadduk edersin. Bu, yedinci günde yapılır. Yapılmazsa ondöndüncü günde, o zaman da yapılmazsa yirmibirinci günde yapılır."

îbnü'l Münzir diyor ki:

"İmam Şafii şunları söyler: "Akika vacip bir sünnettir. Normal kurbanlarda olmaması gereken kusurlar onun için de geçerlidir. Ne eti ne de derisi satılabilir. Hiç bir kemiği kırılmaz. Ailesi ondan yer ve tasadduk ederler. Kanı çocuğa sürülmez."

Ebu Ömer diyor ki:

"İmam Malik'in görüşü de Şafii'ninki gibidir. Ancak o "Kemikleri kırılır ve komşulara ondan yedirilir. Düğün yemeğinde yapıldığı gibi insanlar davet edilmez" demiştir."

İbnü Şihab ise "Kemiklerinin kırılmasında bir beis yoktur" demiştir. Bu, aynı zamanda Malik'in de görüşüdür. Akika kemiğinin kırılacağı görüşünde olanlar şöyle derler:

"Bunun yasak veya mekruh olduğu hakkında ne sahih bir haber, ne de müracaat edilmesi gereken bir sünnet vardır. Halbuki etin kemiklerini kırmak bir adet haline gelmiştir. Bunu engelleyecek bir maslahat olmadığı gibi üstelik bunda, yeme ve tamamen faydalanma maslahatları vardır."

Akika kemiklerinin kırılmasını kerih görenler ise, sahabe ve tabiundan naklettiğimiz haberler ve Ebu Davud' un rivayet ettiği mürsel bir hadise dayanmışlardır. Ayrıca bunun, bir kaç yönden hikmetlerini de zikretmişlerdir:

1. Bu; yemeğin, yiyecek olan insanlara takdim edildiği, komşulara dağıtılığı ve miskinlere yedirildiği zamanki şeref ve Önemini açığa vurmaktır. O halde her parça kendi başına bir bütün olmak üzere hiç bir kemiği kırılmamış, hiç bir organı noksanlaşmamış parçalar halinde olması müstehaptır. Onun bu durumunun, küçük parçalar halinde olmasından daha yüce bir mevkide ve cömertliğe daha yakın olduğunda şüphe yoktur.

2. Bir hediye, şerefi yüceltilir ve küçüklük sınırından çıkartılırsa, takdim edilen kişi nazarında güzel bir makama geçmiş olur. Bu, hediye edenin şanının yüceliğine ve himmetinin büyüklüğüne delalet eder. Aynı zamanda bunda, çocuğun şan, şeref ve himmetinin yüce olması konusunda bir

iyimserlik ve tefe'ül (hayır ve uğur görme) de vardır.

3. Akika, fidye yerine geçtiğinden, kemiklerinin kırılmaması müstehaptır. Bunun sebebi, çocuk için kesilen fidyenin kemiklerinin kırılmamasıni çocuğun uzuvlarının sıhhat, kuvvet ve selametine yorumlayıp bunda uğur ve bereket aramaktır. Böylece, kerih görenler nazannda kemik lerin kırılması, buna "akika" adını verme ile aynı komındadır. Yani kemiklerin krnlmasındaki kerahet (uğursuzluğa yorma açısından) "Akika" ismini vermedeki kerahâte benzemektedir. Allahü alem.

Akikada Yeterli Olan Yaş Sınırı:

Hallal "CamTnin "Akikada müstehap olan yaş" bölümünde şunlan söylüyor:

"Ebu Talip, Ahmed b. Hanbel'e akika hakkında "Dişi bir koyun veya bir kuzu yeterli olur mu" diye sorunca "Erkek hayvan daha iyidir. Hadiste "erkek veya dişi" şeklinde rivayet edilmiştir. Dişi koyun da olsa bir sakıncası yoktur" dedi. Ben "Peki, kuzu olur mu" diye sordum. O da "En yaşlısı daha iyidir. Hz. Peygamber, "Kimin bir çocuğu olur da kurban kesmek isterse, kessin" buyurmuştur" diye cevap verdi."

Bu hadis, udhiye ve hedy gibi kurbanlarda aranan şartlann aynen akikada da aranacağına delildir. Çünkü ya vacip ya da müstehap olarak; tasadduk, hediye etme, yeme ve Allah'a yaklaşma hususlarında hedy ve udhiye ile aynı konumda olan sünnet bir kurbandır. Bunda da hedy ve udhiyede yeterli olan yaşa itibar edilir.

Ayrıca akika,bütünlük ve kemal özellikleriyle tavsif edilmiştir. Bu yüzden erkek çocuk için iki koyun kesilmesi meşru kılınmış ve biri diğerinden noksan olmayacak Şekilde birbirlerine denk olmaları hükme bağlanmıştır.

Dolayısıyla akikanın yaşının da emredilmiş olan diğer kurbanların yaşı göz önüne alınarak belirlenmesi gerekir Zaten bu sebeple akika, bütün hükümlerinde normal kurbanlarla aynı konumda ele alınmıştır.

Ebu Ömer b. Abdil Berr şöyle diyor:

Ulema, tıpkı udhiyelerde olduğu gibi, akikada da ancak koyun, keçi, deve ve sığırın caiz olduğunda ittifak etmiştir. Ancak sözüne itibar edilmeyen şaz bir görüş vardır. îmanı Malik'in Rabia b. Abdurrahman'dan, o da Muhammed b. İbrahim et Teymi'den, o da babasından rivayet ettiği "Bir serçeyle bile olsa akika kesmek müstehaptır11-*" sözüne gelince; azlıkta abartma ifade etmek için söylenmiştir. Tıpkı Rasûlü Ekrem'in Hz Ömer'e bir at hakkında "Onu sana bir dirhem karşılığında verse bile alma" 114 ve bir cariye hakkında "Zina ettiği zaman kıldan örülmüş bir urgan karşılığında olsa bile onu hemen satınız* 15 " sözleri gibi...

İmam Malik şöyle diyor:

Akika, nusuk (hacc ve umrede kesilen kurban) ve udhi-ye (bayramda kesilen kurban) aynı konumdadır. Akika olarak kesilecek hayvanın tek gözlü, cılız bir yeri kırılmış, hasta olması caiz değildir. Ne etinden ne de derisinden hiç bir şey satılamaz. Kemikleri kırılabilir. Sahipleri ondan yer ve tasadduk ederler.

113 - Beyhâki: 9/302

114 -Muvatta: 2/501

115 - Buhâri: 2623, Müslim:1620

Akikayı müşterek kesmenin caiz olmayışı ve bir hayvanın ancak bir kişi için kesilmesinin caiz olu

şu

Bu konuda akika, hedy ve udhiyeden farklıdır.

Hallal, Cami'inde "Yedi kişi için bir devenin kesilmesinin hükmü" bölümünde şöyle diyor:

"Abdül Melik b. Abdül Hamid'in rivayetine göre, Ahmed b. Hanbel'e "Akika olarak deve mi kesiyorsun" diye sorunca "Deve kesmek (sünnette) vaki değil mi" diye cevap vermiş. Bunun .üzerine "Yedi kişi için bir deve kesilebilir mi" deyince, o "Bu konuda bir şey işitmedim" demiştir. Hallal diyor ki "Yedi kişi için bir devenin akika olarak kesilmesinden yana olmadığını gördüm."

Ben de derim ki:

Madem ki bu kurban, çocuğun fidyesi yerine geçmektedir, o halde bir canın fidyesinin yine bir can olması için akika.olarak başlı başına bir hayvanın kanının akıtılması gerekir. Ayrıca akikayı ortaklaşa kesmek caiz olsaydı, çocuk adına kan akıtmadaki asıl gaye gerçekleşmemiş olurdu. Zira bir çocuğa bedel olarak kan akıtılmış, geri kalan çocuklara ise, yalnızca paylarına düşen etin dağıtılmasından kaynaklanan sevap kalmış olur. Oysa asıl hedef, Çocuk adına kan akıtmanın bizzat kendisidir. Bu mana, hedy ve udhiyeyinin ortaklaşa kesilmesini caiz görmeyenlerin yaklaşımıyla tıpatıp uyuşmaktadır. Ne var ki, Rasûlullahın sünneti tabi olunmaya daha layık ve daha uygundur. O hedy ve udhiyede ortaklaşa kesmeyi meşru kılmış, akikada ise erkek çocuk için ayrı ayn iki hayvanın kanının akıtmasını hükme bağlamıştır. Bunların yerine ne bir deve ne de bir sığır geçebilir. Allahü a'lem.

Koyununun Dışında Deve ve İnek Gibi Hayvanlar Kesilebilirini?

Fukaha, akikada koyun dışındaki hayvanların, onların yerini tutup tutmayacağı konusunda ihtilaf etmişlerdir,

îbnül Münzir şöyle diyor:

"Koyun dışındaki hayvanların akika olması konusunda ihtilaf edilmiştir. Bize Enes b. Malik'ten rivayet edildiğine göre, çocuğu için bir deveyi akika olarak kesmiştir.

Ebu Bekre'den de, oğlu Abdurrahman için bir deve keserek Basra halkına yedirdiği rivayet edilmiştir."

îbnül Münzir, Hasan Basri'den de "Enes b. Malik çocuğu için bir deve boğazladı" dediğini rivayet etmiştir.

Daha sora Yahya b. Yahya'nın hadisini zikretmiştir:

"Bize Hüşeym, Uyeyne b. Abdurrahman'dan o da babasından Ebu Bekre'nin oğlu Abdurahman'ın dünyaya geldiğini, bu çocuğun Basra'da doğan ilk çocuk olduğunu, onun için bir deve keserek Basra halkına yedirdiğini rivayet etmiştir." Bazı alimler bunu reddederek "Rasülullah erkek çocuk için iki koyun, kız çocuk için bir koyun kesilmesini emretti. O halde başka bir hayvanın kesilmesi caiz değildir" demişlerdir.

Bize Yusuf b. Mahek'ten rivayet edildiğine göre, kendisi İbn-u Ebî Müleyke ile birlikte Hafsa Binti Abdurah-man b. Ebi Bekr'in yanına girmişler. Hafsa, Münzir b. Zübeyre bir oğlan çocuğu doğurmuştu. "Bir deve kesmeyecek misin?" diye sorunca "Allah'a sığınırım, halam Hz. Aişe, "Erkek çocuk için iki koyun, kız çocuk için bir koyun kesilmesi gerektiğini söylerdi" dedi"116

116 - Buhâri: 2555, 2556. Müslim: 1703

İmam Malik şöyle diyor:

"Bana göre, akika olarak koyun kesmek, inek kesmekten daha efdaîdir. Aynı şekilde koyun deveden efdaldir. Yine hac ve umre kurbanı olarak sığır ve deve kesmek, koyun kesmekten efdaldir. Deve ise sığırdan efdaldir."

îbnül Münzir şöyle diyor:

"Galiba, akika sığır ve deve ile de caizdir, diyenlerin delili Hz. Peygamberin "Çocuk akikası ile beraberdir. Öyleyse onun adına kan akıtınız" hadisidir. Burada herhangi bir hayvanın kanından bahsedilmemiştir. O halde bu hadisin zahirine göre çocuk için herhangi bir hayvanın kesilmesi yeterlidir."

îbnül Münzir devamla şöyle diyor:

"Bunun mukabilinde biri kalkıp da "Bu hadis mücmel, "Erkek çocuk için iki koyun, kız çocuk için bir koyun" hadisi ise müfesserdir. Müfesser ise mücmele tercih edilir" derse yerinde olur.

Sarfedileceğî Yerlerin Açıklanması:

Hallal "Camii"inde "Akikadan tasadduk ve hediye edilecek şeylerin zikri" bölümünde şöyle diyor:

Bize Abdullah b. Ahmed b. Hanbel babasının "Akika-nın bir kısmı yenir ve bir kısmı da dağıtılır" dediğini rivayet etmiştir.

İsme b. İsam, Hanbel'den rivayet ettiğine göre, Ahmet b. Hanbel'e akika etinin ne yapılacağını sormuş. O da "Dilediğin gibi yap1' diye cevap vermiş.

İbni Şirin de "Dilediğini yap" derdi. "Ailesi ondan yiyebilir mi?" diye sorulunca, "Evet, hepsinin yenmemesi gerekir. Bir kısmını yer bir kısmını da dağıtır" demiştir.

Ahmed b. Hanbel, el Esrem'in rivayetinde de böyle demiştir.

Ebul Haris'in rivayetinde ise "Hem yer, hem de komşularına dağıtır" demiştir.

Oğlu Abdullah, akikanın kaça taksim edileceğini kendisine sorunca "İstediği gibi..." diye cevap vermiştir.

El Meymuni diyor ki:

"Ahmed b. Hanbel'e "Akikadan yenilebilir mi?" diye sordum, "Evet, yenilebilir" dedi. "Ne kadarı?" diye sorunca "Bilmiyorum, ama bayram kurbanı hakkında İbni Mesud ve İbn-i Ömer'in hadisleri var, fakat akikadan yemek caizdir" dedi. Ben "Akikayı bayram kurbanına mı benzetiyorsun?" deyince "Evet ondan yenilebilir" diye cevap verdi.

Yine Meymuni şöyle diyor:

"Ahmed b. Hanbel "Bayram kurbanının üçte biri komşulara dağıtılır" dedi. Ben "Fakir komşulara mı?" diye sorunca "Tabii... Fakir komşulara" dedi. Ben "Akika da bunun gibi midir?" dedim o "Evet böyle bir benzetme yapan yanılmış sayılmaz" dedi.

Hallal şöyle diyor:

"Muhammed b. Ali'nin bana el Esrem'den rivayet ettiğine göre, Ahmed b. Hanbel'e akika hakkında "Udhiye gibi onun etini de saklamak caiz midir" diye sorulunca "Bilmiyorum" diye cevap verdi.

Mansur'un bana Cafer'den naklettiğine göre şöyle demiş: "Ahmed b. Hanbel'e akika hakkında "Ondan ebeye bir şey gönderilir mi diye sorulunca - zannedersem- "Evet" diye cevap verdi.

Abdul Meük'in bana rivayet ettiğine göre, Ahmed b. Hanbel'in şöyle dediğini işitmiş:

"Akikadan ebeye de verilir." Rivayet edildiğine göre Hz. Peygamber Hüseyin için akika kestiğinde ebeye de bir parça göndermiş".

Hallal diyor ki:

"Muhammed b. Ahmed babasından o da Hafs b. Riyas1-dan o da Cafer b. Muhammed'den o da babasından, Rasulü Ekrem'in akikanm bir budunu ebeye göndermelerini kendilerine emrettiğini rivayet etmiştir. Beyhaki n? bu hadisi

Hüseyin b. Yezid'den o da Cafer b. Muhammed1 den o da babasından, o da dedesinden, o da Hz. Ali'den Rasulü Ekrem'in Fatıma'ya emrederek şöyle buyurduğunu rivayet ediyor:

-Hüseyin'in saçlarını tart, ağırlığınca gümüş tasadduk

et. Akikanın bir budunu da ebeye ver.

117-Beyhâki: 9/301

118 -Beyhaki: 9/304

Ayrıca Humeydi, Hüseyin b. Zeyd'den o da Cafer b. Muhammed'den o da babasından Hz. Ali'nin akikanın budunu ebeye verdiğini rivayet etmiştir.

Akika yemeğine -düğün yemeğinde olduğu gibi- insanlar davet edilir mi yoksa kimse davet edilmeksizin sadece et mi dağıtılır? Bu konuda ihtilaf edilmiştir. Ebu Ömer b. Abdil Berr, îmam Malik'ten şu görüşü naklediyor:"Akikanın kemikleri kırılabilir. Eti komşulara yedirilir. Düğün yemeğinde olduğu gibi insanlar davet edilmez."

îmam Malik dışında bunu kerih gören başka birini bilmiyorum. Allahü a'lem.

Akika İle Udhiyenin Aynı Vakte Denk Gelmesinin Hükmü :

Hallal, "Udhiyenin akika yerine geçtiğine dair rivayetler" bölümünde şunları söylüyor:

"Abdülmelik el Meymuni'nin bize rivayet ettiğine göre Ahmed b. Hanbel'e:

-Çocuk için akika yerine udhiye kesmek caiz olur mu? diye sorunca:

-Bilmiyorum fakat birden fazla alim bu görüştedir, dedi.

-Tabiinden mi? diye sordum.

-Evet, diye cevap verdi.

Yine Abdül Melik başka bir yerde Ahmed b. Hanbel'ın şöyle dediğini bana rivayet etti:

-Tabiinden bazıları "Udhiye kesilirse akika yerine de geçer" demişlerdir.

îsme b. İsam, Hanbel'den, Ahmed b. Hanbel'in şöyle dediğini rivayet etmiştir:

-Akika kesmeyen kimse için udhiyenin inşallah akika yerine de geçeceğini ümid ediyorum.

Yine İsme b. İsam bir başka yerde Hanbel'den, Ahmed b. Hanbel'in şöyle dediğini nakletmiştir:

-Eğer çocuk için udhiye kesilirse bu, çocuğun akikası yerine de geçer.

Ayrıca şöyle demiştir:

"Ahmed b. Hanbel'i gördüm. Kendi ve ailesi adına kesmek üzere bir udhiye satın aldı. Oğlu Abdullah henüz küçük idi. Sonra o kurbanı kesti. Zannedersem bununla hem akikaya hem de udhiyeye niyet etmişti, sonra eti taksim etti ve ondan yedi."

Abdullah b. Ahmed b. Hanbel bize şöyle rivayet etti:

"Babama kurban bayramı günü kesilen akika hakkında sordum:

-Bu, hem udhiye, hem de akika yerine geçer mi? Şöyle

cevap verdi:

-Hangi ad altında kesilmişse, ya udhiye ya da akika olur." Bütün bu rivayetler Ahmed b. Hanbel'den üç ayrı görüşün nakledildiğini göstermektedir:

1. Akika ve udhiye birbirleri yerine geçebilir,

2. İkisinden sadece birinin yerine geçebilir,

3. Hiç bir görüş belirtmeme.

Akika ve udhiyeden birinin diğer ikisi yerine geçmemesi şöyle açıklanabilir:

"Bu ikisi, iki ayn sebepten dolayı kesilirler. O halde bir tek kurban ikisinin yerine geçemez. Temettü haccının kurbamyla fidye kurbanı gibi...

Birinin diğerinin yerine geçmesi ise şöyle olur: "Bir tek kurban kesmeyle maksat hasıl olmaktadır. Zira çocuk için udhiye kesmek, onun adına akika kesmek gibi meşru kılınmıştır. Eğer kurbanı keser de akika ve udhi-yenin ikisine birden niyet ederse, ikisi yerine de geçer. Nitekim eğer tahiyyetu'l mescid ve .sünneti müekkedenın her ikisine birden niyet ederek namaz kılsa ikisi de gerçekleşmiş olur. Keza, tavaftan sonra farz veya sünnet olarak iki rekat namaz kılsa, hem o farz veya sünet, hem de tavafın iki rekatlık namazı yerine getirilmiş olur. Aynı şekilde temettü ve kıran haccı yapan bir kimse, şayet bayram günü bir koyun kesse, bu koyun hem udhiye, hem de temettü kurbanı yerine geçer, Allahu alem. Ebeveyni kendisi için akika kesmemiş olan kimsenin hükmü, büyüdüğü vakit kendisi için akika keser mi?

Hallal "Küçükken akikası kesilmemiş kimsenin büyüdüğünde kendi adına akika kesmesinin müstehap oluşu" bölümünde, İsmail b, Said eş Şalenci'den şöyle rivayet ediyor:

"Ahmed b. Hanbel'e:

-Bir adam var ki, babası onun için akika kesmediğini kendisine bildiriyor. Acaba kendi adına akika keser mi? diye sordum. Dedi ki:

-Bu, babaya düşen bir vazifedir." Meymuni'nin Ahmed'e sorduğu sorulardan: Meymuni şöyle diyor: "Ahmed b. Hanbel'e: , -Küçükken akikası kesilmemiş bir kimse büyüdüğünde kendi adına akika keser mi? diye sorduğumda, büyüdüğü zaman akika keseceğine dair nakledilen bir rivayeti zikrederek zayıf olduğunu söyledi. Kanaatimce, küçükken akikası kesilmeyen kimsenin büyüdüğü zaman kendi adına akika kesmesini güzel görüyordu. Sonra şöyle dedi: -Bir kişi böyle yapsa, bunu kerih görmem." Yine Meymuni bir başka yerde şöyle rivayet etmiştir: "Ahmed b. Hanbel'e:

-Büyüyünce kendi adına akika keser mi? diye sordum. Oda:

-Büyük kişi hakkında bir şey işitmedim, dedi. Ben:

-Diyelim ki babası fakirdi, sonra zengin oldu. Sonra da akikasını kesmeden çocuğunu bırakmak istemedi, diye

sorunca:

-Bilmiyorum. Büyükler hakkında bir şey işitmedim. Kim böyle yaparsa, bu güzel, bir şeydir. Bunu vacip görenler de var, diye cevap verdi."

Yine Hallal şöyle diyor:

"Ebu Müsenna el Amberi» Ebu Davut'un kendilerine şöyle dediğim rivayet etmiştir:

"Ahmed b. Hanbel'i Heysem b. Cemile şunu rivayet ederken işittim:

"Abdullah b. Müsenna'dan o da Sümame'den o da Enes'den "Hz. Peygamber, kendi adına akika kesmiştir."

Ahmed, b. Hanbel, Abdullah b. Muharrer'den, o da Katade'den, o da Enes'den rivayet edildiğine göre Peygamberin kendi adına akika kestiğini rivayet ederek bu hadisin münker olduğunu söylemiş ve Abdullah b. Muhar-rer'in güvenilir bir ravi olmadığını belirtmiştir,

Hallal, Muhammed b. Avf el-Hımsi'den, o da Heysem b. Cemil'den, o da Abdullah b. El-Müsenna'dan o da Enes'-in ailesinden bir adamdan, Hz. Peygamberin, kendisine peygamberlik geldikten sonra, kendi adına akika kestiğini rivayet etmiştir.

Abdu'r-Rezzak, "Musannef'inde şunları naklediyor :

"Abdullah b. Muhammed, Katade'den, o da Enes'ten, Hz. Peygamberin, kendisine peygamberlik geldikten sonra kendi adına akika kestiğini rivayet etmiştir."

Daha sonra Abdu'r-Rezzak,"îbn-i Muharrer'i bu hadisten dolayı terkettiler" demiştir.

Akikanın derisi ve sakatatının hükmü :

Hallal diyor ki:

"Abdülmelik Meymuni'nin rivayetine göre, bir kişi Ahmed b. Hanbel'e akika hakkında "Deri, kelle ve sakatatı satılır mı yoksa tasadduk mu edilir?" diye sorunca "Tasad-duk edilir" demiştir.

Abdullah b. Ahmed babasından, o da Yezid'den, o da Hişam'dan Hasan Basri'nin "Akika ve udhiye'nin derisini emek karşılığında vermek mekruhtur" dediğini rivayet etmiştir.

Kanaatimce bunun manası şudur:

Kurbanı, kesen ve pişiren kimseye ücret olarak verilmesi mekruhtur. Ahmed b. Hanbel'in rivayet ettiği "Ona dilediğini yap" ve Abdullah'ın rivayet ettiği "Onu istediği gibi taksim eder" sözleri yukarıda geçmiştir.

Ebu Abdullah b. Hamdan "Rivâyefinde şöyle der:

"Kurbanın derisi sakatatı ve kellesini satarak parasını tasadduk etmek caizdir"

Bir görüşe göre, satış haramdır. Bu akit sahih olmaz.

Bir diğer görüşe göre, udhiyenin hükmü, akikada;-akikanın hükmü ise udhiyede geçerlidir.

Bu durumda hükmün, bu kurbanların her ikisinde

geçerli olup olmayacağı konusunda iki görüş ortaya çıkıyor. Deri ve sakatanın dağıtılması görüşü daha meşhur ve daha zahir bir görüştür.

Ben de derim ki; Meymuni'nin sorduğu sorulardan zikrettiğimiz Ahmed b. Hanbel'e ait olan metin bizim söylediğimiz manaya da gelebilir, tam tersi bir manaya da... Yani kurban derisi ve sakatatının parasını değil de bizzat kendisini tasadduk eder. Bu noktayı iyi düşün, fakat bunların satılması konusunda başka sarih bir ibare nakledilmişse o başka. Oysa ki Cafer b. Muhammed'in rivayetinde udhiye olarak kesilen sığırın derisi hakkında sorulunca şöyle demiştir:

-İbni Ömer'den rivayet edildiğine göre "Onu satar ve parasını tasadduk eder. Sığır derisi, seccade olarak kullanılabilen koyun derisinden farklıdır. Sığır derisi ev işlerinde kullanılamaz" demiştir. Sığır derisi epey para eder."

Hallal, Abdülmelik b. Abdülhamit'den, Ahmed b. Han-bel'in "İbni Ömer bir sığır derisini satarak parasını tasadduk etti" dediğini nakletmiştir.

Yine Hallal diyor ki:

"Koyun derisi satılamaz. Zira deve ve sığır derisi ev işlerinde kullanılarak bunlardan istifade edilemez. Oturmak için veya başka bir amaçla da kullanılamaz. O ancak satılır ve parası tasadduk edilir. Koyun derisi ise çeşitli şekillerde kulla nılabilir.

El Esrem diyor ki:

"Ahmed b. Hanbel'den işittim, İbni Ömer'in sığır derisi hakkında "Satılır ve parası tasadduk edilir" dediğini anlattı. Galiba sığır derisinin yüksek fiyata satılabileceği kanatin-deydi."

Ebul Haris şöyle diyor:

"Ahmed b. Hanbel'e kurban bayramında kesilen sığırın derisi hakkında sorulunca:

-îbni Ömer'den "Onu satar ve parasını taadduk eder" dediği nakledilmiştir, diye cevap verdi.

İshak b. Mansur şöyle diyor:

"Ahmed b. Hanbel'e kurban derilerinin ne yapılacağını sordum.:

-Kullanılır ve kıymeti kadar para tasadduk edilir, diye cevap verdi. Ben:

-Satılarak parası tasadduk edilir mi? diye sorunca:

-Evet, İbni Ömer'in hadisi var, dedi." - Mervezi diyor ki:

"Ahmed b. Hanbel'in görüşü, kurban derilerinin satıl-maksızm tasadduk edilmesidir. Hz. Peygamberin bunların deri ve semerlerinin tasadduk edilmesini emrettiği hadisini de delil getirmiştir."

Ahmed b. Hanbel, Hanbel'in rivayetinde ise şöyle demiştir:

-Kurban derilerinin sergi olarak kullanılmasında bir sakınca yoktur, fakat satılamaz. Satmayıp sadece tasadduk mu etmesi gerekir? diye sorulunca:

-Hayır, kurban derilerinden istifâde edip kullanmak mümkündür, dedi. Yine:

-Kullanmak üzere kendisi için alabilir mi? diye soruldu. Oda:

-Eğer kesilen bu kurban vacip veya bir adak, ya da buna benzer bir şey ise onu satarak parasını tasadduk eder. Yok nafile bir kurban ise, dilerse onu evinde kullanabilir, şeklinde cevap verdi.

Cafer b. Muhammed'in rivayetinde:

-Kurbanın derisini tasadduk eder veya evinde post olarak kullanır, fakat satamaz, demiştir.

Ebu'l-Haris'in rivayetinde:

-Ya tasadduk eder ya da evinde post veya seccade olarak kullanır, demiştir.

îbn-i Mansur'un rivayetinde:

-Derisini tasadduk eder veya kullanır, ama satamaz, demiştir.

Meymuni'nin rivayetinde:

-Satılmaz, tasadduk edilir,demiştir.

-Peki, satarak parasını tasadduk etse? diye soranlara da:

-Hayır, olduğu gibi tasadduk eder, cevabını vermiştir.

Ahmed b. El kasım, Ahmed b. Hanbel'in udhiyenin derisi hakkında şöyle dediğini nakletmiştir;

-Değeri karşılığında bir elek veya evde kullanılan herhangi bir eşya alınması müstehaptır. Fakat (kesmesi karşılığında) kasaba verilmez.

Ebu Talip diyor ki:

Ahmed b. Hanbel'e kurban derileri hakkında sordum, şöyle dedi:

-Sabi ve İbrahim "Hayır satılmaz, kalbur veya elek ile değiştirilir" demişlerdir.

Ayrıca "Deri, kalbur veya elek ile değiş tokuş yapar. Deriyi satarak onu satın alamaz" demişlerdir. Ben:

-Bedel olarak mı değiştirilir? diye sorunca:

-Evet, dedi.

-Bu görüşü beğeniyor musun? dedim. O da:

-Bunu emreden Allah'tır. Onu satamaz. Çünkü Peygamber Hz. Ali'ye kurbanın semer ve derisini tasadduk etmesini emretmiştir, dedi. Ben:

-Kesen adama veremiz mi? diye sordum,

-Hayır, dedi.

-Satıp parasını tasadduk etsem? dedim. Yine:

-Hayır, İbni Ömer fakirlere verirdi, onlar da kendileri satardı, dedi. Ben:

-Üç dirheme satıp, üç fakire paylaştırsam? diye sorunca:

-Onları bir araya topla ve deriyi ver, dedi.

Mesruk ve Alkame deriyi, seccade veya başka bir ev eşyası olarak kullanırlardı. Bu konuda en uygun olanı onu evinde kullanmaktır.

Harb şöyle diyor:

"Ahmed b. Hanbel'e:

-Bir adam udhiye derisine bir fiyat biçip parasını tasadduk etse ve deriyi elinde tutsa ne olur? diye sordum. O:

-Udhiyenin derisini satmasında bir beis yoktur, dedi."

Hallal "Sığır derisini satarak parasını tasadduk etmenin müstehap oluşu" bölümünde şöyle diyor:

"Mansur b. Velid, Cafer b. Muhammed'den, Ahmed b, Hanbel'e sığır derisinin hükmü sorulunca şöyle cevap verdiğini rivayet etmiştir;

-İbn-i Ömer'den rivayet edildiğine göre "Onu satar ve parasını tasadduk eder. Bu, koyun derisinden farklıdır. Zira koyun derisi seccade olarak kullanılabilir. Oysa sığır derisinden, evde kullanmak suretiyle istifade edilemez" demiştir. Sığır derisi de epey para eder.

Ebul Haris şöyle diyor:

"Ahmed b. Hanbel'e udhiye olarak kesilen sığırın derisi hakkında sorulunca şöyle cevap verdi:

-Rivayet edildiğine göre İbn-i Ömer "Onu satıp parasını tasadduk eder" demiştir."

Mühenna diyor ki:

"Ahmed b. Hanbel'e sordum:

-Udhiye olarak kesmek üzere sığır satın alan birisi, onun derisini yirmi dirheme veya daha fazla bir fiyata satarak karşılığında bir udhiye alıp kesse bu konuda ne dersin?

O da, İbni Ömer'den yukarda geçen rivayeti zikretti."

îshak b. Mansur şöyle diyor:

Ahmed b. Hanbel'e udhiye derilerinin ne yapılacağını sordum:

-Kullanılır veya tasadduk edilir ya da satılarak parası tasadduk edilir, dedi. Ben:

-Satılarak parası tasadduk edilir mi? diye sorunca:

-Evet, İbni Ömer hadisi var, cevabını verdi.

Akika ve udhiyenin derisi hakkında Ahmed b. Hanbel'e ait metinler bunlardır. Görüldüğü gibi bunlar vac,ip ve müstehap olan kurbanlar hakkındadır. Allahu a'lem.

Akika boğazlarken okunacak dualar:

İbnül Münkir "Adına akika kesilen çocuğu isim verilmesi" bölümünde şöyle diyor:

"Abdullah b. Muhammed babasından, o da Hişamdan, o da İbni Cüreyc'den o da Yahya b. Said'den o da Amra'dan o da Hz. Aişe'den Hz. Peygamberin şöyle buyurduğunu rivayet ediyor:

-Kurbanı çocuğun adına kesiniz. "Bismillahi Allahüm-me leke ve ileyk hazihi akikatü futan, deyiniz, ı 19 "

îbnül Münzir devamla diyor ki:

"Bunu yapmak güzeldir. Akikaya niyet eder de çocuğun adını söylemezse inşallah bu da kâfi gelir."

Hallal "Akika boğazlanırken okunacak dua" bölümünde Şöyle diyor:

"Allah'ın adıyla. Allah'ım sana aittir ve sana da dönecektir. Bu filânın akkasıdır."

"Ahmed b. Muhammed b. Matar ve Zekeriyya b. Yahya'nın bize rivayet ettiklerine göre Ebu Talip, Ahmed b. Hanbel'e sormuş:

-Bir kimse akika kesmek isterse hangi duayı okur?O da:

-Bismillah der ve udhiyeye niyet ettiği gibi niyet ederek boğazlar. Ayrıca "Bu, falan oğlu falanın akikasıdır" der.

Bu sözün zahirine göre bu kişi niyet ve söze birlikte itibar eder. Tıpkı başkası adına hem niyet hem lafızla telbiye getirip ihrama girmesi ve "Lebbeyk Allahümme an fulan"120 veya "îhrami an fulan"i2i demesi gibi...

Bunlardan da anlaşılıyor ki, bir işin sevabı başkasına bağışlandığı zaman onun adına niyet ederek "Allahım! bu, filan kişi adınadır" veya "Sevabını filan kişiye ver" demelidir.

Bazı alimler şöyle derler:

"Bunu bir şarta bağlayarak, "Allah'ım benim bu ' amelimi kabul eylediysen sevabını filana ver" demelidir. Çünkü amelinin kabul edilip edilmediğini bilemez."

Oysa buna gerek yoktur. Zaten hadis de bunu reddetmektedir. Zira Hz. Peygamber, Şubrume adına telbiye getiren şahsı işittiğinde, ona "Allah'ım, eğer ihramımı kabul ettiysen sevabını Şubrume'ye ver" buyurmadığı gibi akrabası adına haccetmek için kendisine soran hiç kimseye böyle bir şey söylememiştir. Bir tek hadiste bile bu yoktur.

120 - Mecmua'z-Zevâid: 4/57, Beyhâki: 9/303

121 - "ihramım filan kişi adınadır."

Bu durumda,onun gösterdiği yol takib edilecek yolların en uygunudur. Ayrıca hiç bir selef aliminden, başkası adına kesilen kurbanı bir şarta bağladığı işitilmemiştir. Aksine onlardan nakledilen şudur: "Allah'ım, bu; filan oğlu filan adınadır" demek yeterlidir. Bağışlayan kişi ister şart koşsun ister koşmasın elbette ki Allah, kabul ettiği ameli yerine ulaştıracaktır. Allahu a'lem.

Akikamn yedinci, ondördüncü ve yirmibirinci güne tahsis edilmesinin hikmeti:

Yedinci gün ile ilgili dört mesele vardır:

1. Çocuğun akikasi;

2. Başının tıraş edilmesi,

3. İsim verilmesi,

4. Sünnet edilmesi.

İlk ikisinin yedinci günde yapılması ittifakla müste-haptır. Bu günde isim takılması ve sünnet edilmesine gelince, ilerde inşallah açıklayacağımız gibi bunlarda ihtilâf edilmiştir.

Akikamn yedinci gün kesileceğine dair rivayetler yukarıda geçmişti. Bunun hikmeti -Allahü a'lem- şudur: Çocuk doğduğu zaman kurtuluş ile helak olma arasında kararsız bir durumda olur ve müşahade edilen hallerinin ve vücudunun sağlam, fıtratının sağlıklı olduğuna, hayatı kabul edeceğine delalet eden bir vakit üzerinden geçinceye dek çocuğun yaşayıp yaşayamayacağı bilinemez. İşte bu müddetin miktarı yedi gün olarak belirlenmiştir. Hafta günlerin oluşturduğu bir birimdir. Nitekim yıl da ayların oluşturduğu bir birimdir.

Bu, Allah'ın gökleri ve yeri yarattığı gün takdir ettiği bir zamandır. O, kainatın yaratılışını altı gün ile sınırlamıştır. Bunlardan her bir güne, kendine has bir isim takmış ve her bir günü o gün yarattığı mahlukat cinsine mahsus kılmıştır. Sonra mahlukatın ikmal edilip bir araya getirilme gününü yaratmıştır. Bu gün, mahlukatın bir araya geldiği gündür. Müminler için bir toplanma (Cum'a) günüdür. Müminler o gün Allah'a ibadet etmek, O'nu zikretmek, hamdü sena ile Övüp yüceltmek amacıyla dünya meşgalelerinden sıyrılmak, onun hizmetine yönelmek, o gün meydana gelmiş olan başlangıç ve yine o gün meydana gelecek olan dönüşü hatırlamak üzere toplanıp bir araya gelirler.

Bu gün, yüce Allah'ın arşa istiva ettiği bir gündür. Atamız Adem'i yarattığı, cennete yerleştirdiği ve cenneten çıkardığı gündür. Yine bu gün, dünyanın ecelinin sona ererek kıyametin kopacağı bir gündür. O gün yüce Allah gelecek, mahlukatım hesaba çekecek ve cennet ehlini cennete, cehennem ehlini ise cehenneme koyacaktır.

Akika için yedinci günün tayin edilmesinden maksat şudur: Bu yedi gün, hayatın ilk aşamasıdır. Çocuk bunu tamamladığı vakit, ikinci aşamaya geçer ki, bu da aydır. Bunu da tamamladığında üçüncüsüne intikâl eder ki, bu da benzeyenlerdir. Peygamber (a.s.) sünnet olmayı fıtrattan saymıştır. Kişinin, karşılaştığı belâya sabırla tahammül etmesinin, imtihanın ecir ve sevabını artırdığı bilinen bir husustur. Peygamber'e layık olan ise, bu faziletten mahrum olmaması ve Allah'ın, Halil'ine ikram ettiği gibi ona da bunu ikram etmesidir. Zira onun

Özellikleri diğer peygam-' berlerinkinden daha büyük ve daha yücedir. Bize rivayet edildiği gibi, meleğin onu sünnet etmesine gelince, bunun, onun özelliklerinden olması daha layık ve evladır."

Bütün bu sözler İbnu Adim'e aittir. Meleğin sünnet etmesi derken, el-Hatip tarikiyle Ebu Bekre'den rivayet ettiği "Cebrail, Peygamberin kalbini temizlediği sırada onu sünnet etti" hadisini kastetmiştir. Bu rivayet Ebu Bekr'e ye ait mevkuf bir söz olmasının yamsıra, isnadı da sahih değildir.

Meleğin peygamberin kalbini yarması hadisi, değişik şekillerde merfü olarak rivayet edilmiştir. Fakat yukarıdaki hadis müstesna, bunların hiçbirinde Cebrail'in, Peygamberi sünnet etmesinden söz edilmemiştir. Bu hadis sâz ve garibtir.

İbnul-Adim şöyle der: "Bazı rivayetlerde geçtiğine göre, dedesi Abdul-Muttalip,Peygamberin doğumunun 7. gününde onu sünnet etmiştir." İçindeki bozukluğa rağmen bu rivayet, doğruya ve gerçeğe daha yakındır.

îbnu Abdil-Berr, Ebu Ömer Ahmed b. Muhammed b. Ahmed'den, o da Muhammed b. İsa'dan, o da Yahya b. Eyyüb b. Ziyad el-Allaf tan o da Muhammed b. Ebîş-Seri el-Askalani'den, o da Velid b. Müslim'den, o da Şuayb b. Ebî Hamza'dan, o da Ata el Horasani'den, o da îkrime'den, o da İbn Abbas'tan rivayet ettiğine göre Abdulmuttalip, yedinci gününde Peygamberi sünnet ederek davet yemeği verdi ve adını Muhammed koydu.

Yahya b. Eyyüb diyor ki: "Biz bu hadisi İbn Ebi-Seri hariç kimsede bulamadık. Bu zat Muhammed b. Mütevekkil b. Ebi's-Seri'dir. Allahu a'lem.

CPSIA information can be obtained
at www.ICGtesting.com
Printed in the USA
LVHW080600230223
740172LV00016B/1480